少年读国学

图说左传

谢冕
解玺璋

主编

读者出版社

图书在版编目（CIP）数据

图说左传 / 谢冕 , 解玺璋主编 . -- 兰州 : 读者出版社 , 2023.1

（少年读国学）

ISBN 978-7-5527-0690-1

Ⅰ . ①图… Ⅱ . ①谢… ②解… Ⅲ . ①中国历史－春秋时代－编年体 ②《左传》－通俗读物 Ⅳ . ① K225.04-49

中国版本图书馆 CIP 数据核字（2022）第 090887 号

少年读国学·图说左传

谢 冕 解玺璋 主编

责任编辑 张 远
封面设计 田 松 李果果

出版发行 读者出版社

地 址 兰州市城关区读者大道 568 号（730030）

邮 箱 readerpress@163.com

电 话 0931-2131529（编辑部） 0931-2131507（发行部）

印 刷 山东新华印务有限公司

规 格 开本 880 毫米 ×1230 毫米 1/32
印张 7.5 字数 137 千

版 次 2023 年 1 月第 1 版
2023 年 1 月第 1 次印刷

书 号 ISBN 978-7-5527-0690-1

定 价 58.00 元

目录

颍考叔

郑庄公

鲁隐公

郑伯克段于鄢

初，郑武公娶于申❶，曰武姜❷，生庄公及共叔段❸。庄公寤生❹，惊姜氏，故名曰"寤生"，遂恶❺之。爱共叔段，欲立之。亟❻请于武公，公弗许。

及庄公即位……请京，使居之，谓之京城大叔❼。

祭仲❽曰："都城过百雉❾，国之害也。先王之制：大都，不过参国之一；中，五之一；小，九之一。今京不度，非制也，君将不堪。"公曰："姜氏欲之，焉辟害❿？"对曰："姜氏何厌⓫之有？不如早为之所，无使滋蔓。蔓，难图也。蔓草犹不可除，况君之宠弟乎？"公曰："多行不义，必自毙⓬，子姑待之。"

注 释

❶ 申：春秋时国名，在河南南阳一带。

❷ 武姜：郑武公谥号为"武"，所以他的妻子也被称为"武姜"。"姜"是女子的姓。春秋时女子没有名字，在姓前加一个字作为称呼。

❸ 共（gōng）叔段："共"是地名；"叔"是指在兄弟中排行第三，古代常以"伯、仲、叔、季"来表示兄弟的排行；"段"是人名。

❹ 寤（wù）生："寤"通"牾"，逆。胎儿头朝下经母体自然娩出为顺产。庄公则是先出来脚，后出来头，这样倒着生，会让母亲难产。

❺ 恶（wù）：厌恶，不喜欢。

❻ 亟（qì）：多次。

❼ 大（tài）：对年长或辈分高的人的尊称。

❽ 祭仲（zhài zhòng）：郑国大臣，"祭"作为姓时读 zhài。

❾ 百雉（zhì）：长三丈、高一丈的城墙为"一雉"，"百雉"即长三百丈。

❿ 辟（bì）：避开，回避。后作"避"

⓫ 厌：饱。后作"餍"。

⓬ 毙（bì）：仆倒，跌倒。引申为败亡，失败。

译文

当初，郑武公从申国娶了妻子，（妻子）被称为"武姜"，生了庄公和共叔段。庄公不是顺产，让武姜受到了惊吓，所以被取名为"寤生"，（武姜）于是不喜欢庄公。（武姜）偏爱共叔段，想要立小儿子为继承人。她曾多次向郑武公发出请求，郑武公没答应。

等到庄公继位……（武姜）又请求（把）京邑（封给共叔段），让共叔段居住在那里，称其为"京城太叔"。

（郑国大夫）祭仲进谏说："都邑城墙的长超过三百丈，就会成为国家的祸根。先王的制度是：大城城墙不能超过国都城墙的三分之一，中城城墙不能超过五分之一，小城城墙不能超过九分之一。现在京邑不合规定，违反了先王制度，这将对您不利。"庄公说："这是武姜想要的，我怎么能避免祸害呢？"祭仲说："武姜哪有满足的时候？不如早点给共叔段安排一个地方，不要让他的势力蔓延。一旦蔓延开来，就很难铲除了。蔓延开来的野草尚且很难铲除，何况是您那被宠坏了的弟弟？"庄公说："做多了不义的事情，必然会自寻死路。你姑且等着看吧！"

解析

共叔段仗着母亲的宠爱，被封到了重要城邑。他仍然不知足，暗地里修筑城墙、聚集军队，想要反叛哥哥，自己当国君，这当然是不对的。但作为哥哥的庄公，就无可指责了吗？看着共叔段一步一步经营，谋反之心人人皆知，庄公却选择"睁一只眼，闭一只眼"，不加劝导和阻止。表面看上去，庄公好像在忍让弟弟，实际上，他是要陷弟弟于不义——等共叔段铸成大错后，庄公去讨伐他才名正言顺。如果共叔段没有犯下大错，庄公也就没有理由彻底铲除他。

《左传》说"郑伯克段"，"郑伯"就是庄公，"段"是指共叔段，"克"是战胜的意思。作者用"克"这个字，说明庄公和共叔段如同两个敌对国君一样争斗，没有了兄弟之间的情谊。这个故事的最后，郑庄公终于处置了共叔段，又将自己的母亲驱赶到颍地，

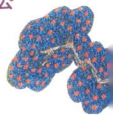

并发誓永不相见。可以说，郑庄公的亲情算是全部断绝了，连至亲都不爱，如此无情，要如何立于天地之间呢？

当时，郑国有个大夫叫颍考叔，他为人正直无私，认为庄公驱赶母亲的行为不妥，就捉了几只猫头鹰去献给庄公。颍考叔说，这种鸟是不孝之鸟，长大后会吃掉自己妈妈，所以捉来把它们吃掉。庄公听了心有所动，但不言语。等到吃饭时，厨师将烤羊肉送上来，庄公赐了一条前腿给颍考叔。颍考叔当场割下了一块好肉包起来藏在袖子里。庄公问他为什么这么干，颍考叔回答："我家里有老母亲，因为贫穷，每天只能吃野味，从没吃过这么好的东西。现在您赐给我这么好的食物，我独自享受，母亲却不能吃上一口，我心里难过，所以想带一些回去给她吃。"庄公听完，长叹一声，终于回心转意，于是和颍考叔商议将自己母亲接回来，重新和好。当时君子评价说："颍考叔真是纯孝之人呀，爱自己的母亲，同时还能让这份爱影响到庄公。"

周郑交质

　　郑武公、庄公为平王卿士[1]。王贰于虢[2]，郑伯[3]怨王，王曰"无之"。故周、郑交质[4]。王子狐为质于郑，郑公子忽为质于周。王崩[5]，周人将畀[6]虢公政。四月，郑祭足[7]帅师[8]取温之麦[9]。秋，又取成周[10]之禾。周、郑交恶。

注 释

[1] 卿（qīng）士：周王朝的执政官。

[2] 贰于虢（guó）："贰"表示"贰心"，即想把权力分给虢公。

[3] 郑伯：周朝爵位分"公、侯、伯、子、男"五个等级。郑国是伯爵，所以郑国国君被称为郑伯。

[4] 交质：交换人质。周和郑为了保证信用，派儿子到对方国内做人质。

[5] 崩：古代帝王的死称作"崩"。

[6] 畀（bì）：交给。

[7] 祭（zhài）足：字仲，即祭仲。

[8] 帅师：率领军队。

[9] 温：周天子属地。郑国跑到周天子的属地去割麦子，是一种报复和侵略。

[10] 成周：周朝的都城。

译 文

郑武公、郑庄公是周平王的执政官。周平王（想削弱郑国势力）让虢公分割权力，郑庄公怨恨周平王。周平王就解释说："没有这回事。"（为了获得对方的信任）周天子和郑国交换人质。周的王子狐被送到郑国做人质，郑国的公子忽被送到周做人质。周平王死后，周人想把国政交给虢公。四月，郑国的祭足率领军队割了温地的麦子。秋天，又率军割了成周的稻谷。从此周和郑关系恶化。

解 析

双方能否遵守信用，主要还是看各自的心意和品行。双方诚心和好，是不需要人质的。正是因为不诚心，才需要人质。周和郑之间，已经产生了不信任，即便送了人质，这"信用"也维持不了多久。周平王死后，双方立刻撕破了脸。

西汉初年，有一个人叫季布。季布一生特别重视信用，只要是自己答应的事情，就一定会办到，因此，当时的人们常说："得到黄金一百斤，不如得到季布一句承诺！"可见，长期遵守信用的人，只用口头一句话，就能让别人相信。心怀不轨的人，即使是抵押了人质，也无法维持友好关系。

石碏谏宠州吁

公子州吁 ^❶，嬖人 ^❷ 之子也，有宠而好兵，公弗禁，庄姜恶之 ^❸。石碏 ^❹ 谏曰："臣闻爱子，教之以义方，弗纳于邪。骄、奢、淫、泆 ^❺，所自邪也。四者之来，宠禄过也。将立州吁，乃定之矣，若犹未也，阶之为祸。夫宠而不骄，骄而能降，降而不憾，憾而能眕 ^❻ 者，鲜矣。且夫贱妨贵，少陵长，远间 ^❼ 亲，新间旧，小加大，淫破义，所谓六逆 ^❽ 也。君义，臣行，父慈，子孝，兄爱，弟敬，所谓六顺也。去顺效逆，所以速祸 ^❾ 也。君人者，将祸是务去，而速之，无乃不可乎？"

注释

❶ 公子州吁（xū）：卫庄公的儿子，宠妾所生。

❷ 嬖（bì）人：皇帝或国君偏爱的人。

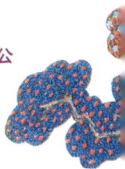

❸ 庄姜恶（wù）之：庄姜，卫庄公的正妻；恶，厌恶；之，指州吁。

❹ 石碏（què）：卫国大夫，石厚的父亲。

❺ 泆（yì）：放荡；放纵。

❻ 眕（xiǎn）：压制，自抑。

❼ 间（jiàn）：离间、产生嫌隙。

❽ 六逆：六种反常现象。

❾ 速祸：招致祸害，加速祸患。

译文

公子州吁，是卫庄公宠妾的儿子，得到庄公的宠爱且喜欢兵器，卫庄公也不约束他，（卫庄公的妻子）庄姜讨厌州吁。（卫国大夫）石碏进谏说："我听说爱孩子，就要教给他正确的道理，不要让他走上邪路。骄傲、奢侈、放荡、玩乐，是走上邪路的开始。这四种坏习惯之所以形成，是因为您给予的恩宠荣禄太过。您如果要立州吁为继承人，就应该定下来，如果还没决定，这将酿成祸乱。受到宠爱而不骄傲，骄傲而能够降低身份做事，降低身份做事而能够不怨恨，怨恨而能够克制自己的人是很少的。况且身份卑微的妨碍身份尊贵的，年纪小的欺负年纪长的，关系远的离间关系近的，新人离间旧人，权势小的超越权势大的，淫乱的破坏道义的，这是六种悖理的现象。国君做事得体，臣子服从命令，父亲慈爱，子女孝顺，哥哥疼爱弟弟，弟弟尊敬哥哥，这是六种遵礼的现象。现在您背离正常现象而去效仿反常现象，这是加速祸乱的原因。作为君主，应该尽力避免祸乱，您现在却在加速祸乱，恐怕不可以吧？"

解析

卫庄公没有听从石碏的劝告。卫庄公死后，州吁果然不安分，他平时得宠惯了，又怎会甘心做别人的臣子？他犯上作乱，杀害哥哥，自己当了国君，成为春秋"弑君篡位"第一人。为了稳固自己的地位，他四处耀武扬威，镇压百姓的不满。州吁得不到百姓的支持，在诸侯间更是孤立无援，因此继位不到一年，就被人抓住并处死了。卫庄公喜欢州吁，却不为他考虑以后的事情，只是宠得州吁不知天高地厚，最终做出错事来。

无独有偶，齐僖公也犯了同样的错误。齐僖公非常喜欢自己的侄子公孙无知，每次发给公孙无知的衣服、俸禄都和太子相同，导致公孙无知心高气傲，多次和太子发生争斗。齐僖公死后，太子继位，降低了这名侄子的生活待遇，公孙无知非常气愤，联合叛臣杀掉了太子，自己篡夺了君位。不过，公孙无知最后也死于大臣的暗杀。

《战国策》里有这样一个故事：

赵国国君刚死，秦国就带兵来攻打，赵国只好向齐国求救。齐国声称："要救赵国可以，但必须让赵太后的小儿子去齐国当人质。"赵太后非常疼爱这个小儿子，舍不得让小儿子吃苦，无论大臣们怎么劝诫也不答应。

一个叫做触龙的老臣，用非常委婉的方式告诉赵太后："父母之爱子，则为之计深远。"父母亲如果真的爱这个孩子，就要为他做

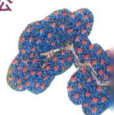

长远打算，不能一味溺爱和纵容。刻意让孩子吃一些亏，反而能让孩子免于灾祸。

最后，赵太后答应让小儿子去齐国做人质，以此为国家立功。这样即便赵太后身死，小儿子也能凭借当人质的功劳，在赵国站稳脚跟。这就是"父母之爱子，则为之计深远"的道理。

石碏大义灭亲

州吁未能和❶其民，厚问定君❷于石子❸。石子曰："王觐❹为可。"曰："何以得觐？"曰："陈桓公❺方有宠于王，陈、卫方睦，若朝❻陈使请，必可得也。"厚从州吁如❼陈。石碏使告于陈曰："卫国褊小❽，老夫耄❾矣，无能为也。此二人者，实弑寡君❿，敢即图之。"陈人执之，而请莅⓫于卫。九月，卫人使右宰丑⓬莅杀⓭州吁于濮⓮，石碏使其宰⓯獳羊肩⓰莅杀石厚于陈。

注 释

❶ 和：安定。

❷ 厚问定君：厚，石厚；定君，安定君位。

❸ 石子：石碏。"子"是对诸侯卿大夫的尊称，比如韩康子、魏恒子。

❹ 觐（jìn）：朝见君主。

❺ 陈桓（huán）公：陈国第十二位国君。

❻ 朝（cháo）：朝见。

❼ 如：到……去。

❽ 褊（biǎn）小：狭小。

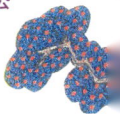

⑨ 耄（mào）：八九十岁的年纪，指老年。

⑩ 实弑（shì）寡（guǎ）君：实，确实；弑，臣子杀死君主，或子女杀死父母；寡君，臣子对别的国君谦称自己的国君。

⑪ 涖（lì）：通"莅"，至，来到。

⑫ 右宰丑：右宰，春秋时卫国官职名；丑，人名。

⑬ 涖杀：到……去杀。

⑭ 濮（pú）：地名。

⑮ 宰：家臣之长。

⑯ 獳（nòu）羊肩：石碏的家臣。

译 文

州吁不能安抚卫国的百姓，石厚向父亲石碏询问安定君位的办法。石碏说："去朝见周天子就可以使君位合法。"石厚问："怎么才能去朝见周天子呢？"石碏说："陈桓公现在很受周天子的宠信，陈国和我们卫国关系正和睦，如果去朝见陈桓公，让陈桓公去周天子那里请求，必定能够成功。"于是石厚跟着州吁去了陈国。石碏私下派人对陈桓公说："卫国地方狭小，老夫年纪大了，不能有所作为。石厚和州吁这两人，确实是杀害我们国君的罪人，请您趁此机会除掉他们。"于是陈国人抓住了石厚和州吁，请卫国派人来处理。九月，卫国派遣右宰丑在陈国濮地斩杀了州吁，石碏又派家臣獳羊肩去陈地斩杀儿子石厚。

解 析

石厚帮助州吁作恶，石碏不能容忍恶人的存在，在为国除奸的同时，忍痛杀掉了儿子，这就是成语"大义灭亲"的由来。为了维持正义，处罚罪恶，不包庇亲人，这是值得钦佩的！

民间传说，北宋时期，包拯办案公正，铁面无私，百姓称他为"包青天"。包拯当知县时，侄儿包勉打死了人。包拯认为，即便是自己的亲人，也不能凌驾于法律之上，他亲自下令将侄子缉拿归案，处以死刑。

不过，"大义灭亲"也得分情况，有些错误是可以劝诫和改正的。

有一次，叶公对孔子说："我们乡里有一个直率坦白的人，他的父亲偷了别人的羊，他就去告发了父亲。"孔子说："我们乡里的直率坦白人和你这里的不同，父亲为儿子隐瞒，儿子为父亲隐瞒，这就是直率坦白了。"

孔子并不认为告发亲人是一种好的行为。正常情况下，亲人之间是要互相爱护的，一个人如果连自己的亲人都不爱护，那就更不会爱护其他人了。真为亲人好，就应该防患于未然，在亲人犯错前及时劝阻，不要让他陷入罪恶的深渊。

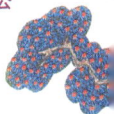

郑伯侵陈

往岁，郑伯请成 ❶ 于陈，陈侯不许。五父 ❷ 谏曰："亲仁善邻，国之宝也。君其许郑。"陈侯曰："宋、卫实难，郑何能为？"遂 ❸ 不许。

君子曰："善不可失，恶不可长，其陈桓公之谓乎！长恶不悛 ❹，从自及也。虽欲救之，其将能乎？……周任 ❺ 有言曰：'为国家者，见恶如农夫之务 ❻ 去草焉，芟夷蕴 ❼ 崇之，绝其本根，勿使能殖 ❽，则善者信矣。'"

注 释

❶ 请成：请求结好。

❷ 五父：陈国大夫。

❸ 遂（suì）：于是。

❹ 长（zhǎng）恶不悛（quān）：长，滋长；悛，悔改；滋长罪恶却不知悔改。

❺ 周任（rén）：周朝著名史官。

❻ 务：致力于。

⑦ 芟（shān）夷蕴（yùn）崇：芟，除去、割草；夷，铲平；蕴，通"蕴"，积聚。

⑧ 殖：繁殖、生长。

译文

往年，郑庄公请求和陈国结好。陈桓公不同意。五父劝诫说："亲近仁义而团结邻居，这是国家之宝。您还是答应郑国吧！"陈桓公说："宋国、卫国才是我们的祸害，郑国能干什么？"于是不答应结好。（后来郑庄公入侵陈国，陈国大败。）

君子说："善良不可丢失，罪恶不可滋长，说的就是陈桓公吧。滋长了恶却不知道悔改，马上就自食其果。即使想要救他，可怎么能办到呢？……周任有句话说：'治理国家的人，看见恶就要像农夫看见草一样，割掉铲除杂草堆起来让田地肥沃，断绝杂草的根，不要让它生长，那么善的事物就能发展了。'"

解析

宁可多交一个朋友，也不要树立一个敌人。

面对郑庄公的请求结好，陈桓公可以

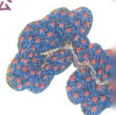

答应，也可以不答应。但陈桓公认为自己更应该担心宋国和卫国，郑国可有可无，因此懒得去结交。最后偏偏是这"可有可无"的郑国，攻破了陈国。

当时的周天子，也犯了和陈桓公一样的错误。郑庄公第一次去朝见周天子，周天子不喜欢郑庄公，态度很不礼貌。周公劝周天子说："我们周王室东迁，依靠的就是晋国和郑国。善待郑国以鼓励来朝见您的人，尚且还怕人家不来，何况您这样不礼貌呢？郑国以后怕是不会来了。"果然，郑庄公再也不去朝见周天子了，甚至公然和周天子对着干，导致周王室颜面无存。

鲁桓公

楚随速杞之战

斗伯比❶言于楚子❷曰:"……汉东❸之国,随❹为大,随张❺必弃小国,小国离,楚之利也。少师侈❻,请赢师❼以张之。"

……

少师谓随侯❽曰:"必速战。不然,将失楚师。"随侯御之,望楚师。季梁曰:"楚人上左,君必左,无与王遇。且攻其右,右无良焉,必败。偏败,众乃携矣。"少师曰:"不当王,非敌也。"弗从。战于速杞❾,随师败绩❿。

注 释

❶ 斗(dòu)伯比:春秋时楚国令尹。

❷ 楚子:楚国当时是子爵,所以楚国国君被称为楚子。

❸ 汉东:汉水东边。

❹ 随:周朝诸侯国之一,在今湖北境内。

❺ 张:自大、骄傲。

❻ 侈(chǐ):狂妄、自大。

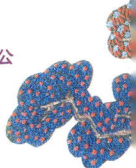

❼ 羸（léi）师：羸，瘦弱、疲劳；师，军队。

❽ 随侯：随国国君。

❾ 速杞（qǐ）：随地名，今湖北应山县西。

❿ 败绩：战争失败。

译文

斗伯比对楚武王说："……汉水东边随国最大，随国要是骄傲，就必然会抛弃周边小国，小国和随国不团结，这对楚国有利。随国的少师很自大，我们就把疲惫老弱的士兵展现给他看（将精锐部队藏起来），以此让随国骄傲。"

……

少师对随侯说："一定要迅速开战。不然，就失去了战胜楚国的机会。"随侯于是率军去抵御，远远望见楚国军队。（随国大夫）季梁说："楚国崇尚左边，他们国君必定在左边军营，我们不要和楚王碰上。暂且去打右边军营，右边军营没有精良部队，一定会被打败。他们的偏军被打败，整个军队就会离散。"少师说："不敢正面去打楚王，这是表示我们实力比不上楚国了。"随侯没有听从季梁的意见，在速杞这个地方和楚国开战，随国大败。

解析

楚国针对少师骄傲自大的心理，故意展示军队疲惫老弱的假象，从而让少师失去了正确的判断。少师自以为能胜过楚军，结果却惨败。骄傲轻敌的人，最容易放松警惕，即便实力强大，也不一定能获得胜利。历史上还有许多"以少胜多""以弱胜强"的故事。

有一次，鲁国攻打弱小的邾国，自以为能轻易拿下，因此没有多做准备。有人劝告鲁国国君道："国家不管是大是小，都不能轻视。打仗却不做准备，即便军队多，也是不能依靠的……以先王的美德，尚且要戒备，何况是我们呢？您不要认为邾国很小，小黄蜂、小蝎子都有毒，何况是一个国家？"鲁国国君不听谏言，最后果然大败而归。

公子急与公子寿

　　（卫宣公）生急子❶……为之娶于齐❷，而美，公取之，生寿及朔❸……宣姜与公子朔构❹急子。公使诸齐，使盗待诸莘❺，将杀之。寿子告之，使行。不可，曰："弃父之命，恶❻用子矣！有无父之国则可也。"及行，饮以酒，寿子载其旌❼以先，盗杀之。急子至，曰："我之求也，此何罪？请杀我乎！"又杀之。

注　释

❶ 急子：指姬伋，卫宣公和夷姜生的儿子。

❷ 娶于齐：向齐国求娶新娘。

❸ 生寿及朔（shuò）：生了寿以及朔。（寿和急子关系好，朔却想害死急子。）

❹ 构：构陷。

❺ 莘（shēn）：地名。

❻ 恶（wu）：哪里，怎么。

❼ 旌（jīng）：旗子的一种。

译文

（卫宣公）生下急子……为急子向齐国求亲，看到齐国女子漂亮后，卫宣公就自己娶了她，又生下了寿和朔……（新娶的妻子）宣姜和儿子朔一起诬陷急子。卫宣公便派遣急子出使齐国，让人假扮成强盗在莘地等着，要杀掉急子。寿（知道后）把这件事告诉急子，让急子快跑。急子不肯，说："违弃父亲的命令，哪里还能称为儿子？怕只有去没父亲的国家我才能安身。"等到出发时，寿为急子送行（趁机灌醉了急子），寿拿着急子的旗先走一步，（到了莘地后）刺客就杀了寿。急子（酒醒后）赶到，说："你们要杀的是我。他有什么罪？请你们杀了我吧！"刺客又杀掉了急子。

解析

寿和急子不是同一个母亲所生，骨肉之情却比亲生兄弟还重。寿愿意代替急子去死，急子却不愿意苟且偷生，最后两人都死于坏人之手。这份旷古兄弟之情，着实叫人感慨！

汉朝时，有赵孝、赵礼两兄弟，他们非常友爱。有一年遇到饥荒，强盗进了村子，抓住赵礼并要吃了他。赵孝急忙跑到强盗那里，恳求强盗吃自己，放过他的弟弟。赵礼也向强盗请求吃自己，放过他哥哥。强盗见兄弟如此友爱，被他们感动，就将兄弟俩都放了。后来，皇帝知道了这件事，特意下了一道诏书褒奖赵家兄弟。赵孝、赵礼二人也就成了兄弟和睦的典范。

鲁庄公

及瓜而代

齐侯使连称、管至父❶戍葵丘❷。瓜时❸而往，曰："及瓜而代。"期戍❹，公问不至。请代，弗许。故谋作乱。

注 释

❶ 连称、管至父：春秋时齐国大夫。

❷ 戍葵丘：戍，防守；葵丘，地名，今山东临淄附近。

❸ 瓜时：瓜熟之时，指农历七月。

❹ 期戍：戍卫期限到了。

译 文

齐襄公派遣连称、管至父两人守卫葵丘。他们是七月去的。齐襄公允诺说："等明年七月就派人来接替。"但等过了守卫的期限，齐襄公的命令还没有下达。（连称、管至父向齐襄公）请求派人来接替他们，齐襄公不准许。因此，二人密谋反叛（杀掉了齐襄公。）

解 析

欺骗他人是有风险的。有的话宁可不说，说了就要负责。齐

襄公可谓是"言而无信"了，他的所作所为引起手下的不满，以至于招来杀身之祸。

下面举个"言而有信"的例子：

有一次，曾子的妻子去集市，儿子在一旁哭泣。妻子便哄骗孩子说："你先回去吧，等我到家就杀猪给你吃。"妻子赶完集回来，曾子抓起猪要杀，妻子慌忙制止他，说："我是和孩子开玩笑的。"曾子说："不能随便和孩子开玩笑，他并不知道什么道理，都是靠父母教他。你现在欺骗他，就是在教他欺骗。母亲欺骗孩子，孩子不信任母亲，这不是好的教导。"于是真的杀了猪。

曹刿论战

公与之乘❶，战于长勺❷。公将鼓❸之。刿❹曰："未可。"齐人三鼓。刿曰："可矣。"齐师败绩❺。公将驰❻之。刿曰："未可。"下视其辙❼，登轼❽而望之，曰："可矣。"遂❾逐齐师。

既克❿，公问其故。对曰："夫战，勇气也。一鼓作气，再而衰，三而竭。彼⓫竭我盈，故克之。夫大国，难测也，惧有伏焉⓬。吾视其辙乱，望其旗靡⓭，故逐之。"

注 释

❶ 公与之乘：公是诸侯的通称，在这里指鲁庄公。之是代词，代指曹刿。

❷ 长勺：鲁国地名，在今山东曲阜市北齐鲁两国交战的地方。

❸ 鼓：击鼓进军。

❹ 刿（guì）：即曹刿。春秋时鲁国大夫。

❺ 败绩：军队溃败。

❻ 驰：本意是驾车奔跑，这里是驾车追赶之意。

❼ 下视其辙（zhé）："下"，下车。下车看齐军留下的车辙。

❽ 轼（shì）：古代车厢前做扶手的横木。

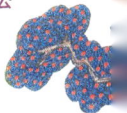

⑨ 遂（suì）：于是。

⑩ 既克：既，已经；克，战胜。

⑪ 彼：代词，指对方。

⑫ 惧（jù）有伏焉：惧，害怕；伏，埋伏、伏兵。

⑬ 靡（mǐ）：倒塌、倒下。

译 文

　　鲁庄公和曹刿一起乘坐战车，在长勺与齐国开战。鲁庄公将要击鼓进军，曹刿说："还不行。"等齐国人击了三次鼓，曹刿才说："可以了。"齐国军队被打败后，鲁庄公要乘胜追击，曹刿说："还不行。"曹刿下车查看齐国军队的车轮痕迹，又登上马车遥望齐国军队的队形，说："可以了。"于是才去追击齐军。

　　打赢齐国后，鲁庄公问曹刿这么做的缘故，曹刿回答："战争，靠的是士气。第一次击鼓，士气被鼓舞起来，第二次击鼓，士气开始衰退，第三次击鼓，士气已经耗尽。齐国那边士气耗尽而我们士气旺盛，所以能打败他们。齐国是个大国，情况难以预测，我担心他们有埋伏。但我看他们车辙混乱，又望见他们旗帜倒伏（不像有埋伏的样子），所以才敢追击他们。"

解 析

　　要做成一件事情，就必须小心谨慎地对待它。哪怕是必赢的局面，也不能掉以轻心。曹刿作战时如此小心谨慎，才能将失败的概率减到最低。

有一天，孔子夸别人优秀，子路在一旁听了，忍不住问："老师，您如果要带领军队打仗，会选谁和您一起去呢？"子路本想让孔子夸自己勇敢，没想到孔子却说："那种赤手空拳去打老虎，或不做准备就光脚渡河，连死也不怕的人，我是不会和他一起的！必须是遇见事情知道害怕，善于谋划且能做成功的人，我才和他一起。"孔子所说的，大概就是曹刿这种人吧！

楚子灭息伐蔡

蔡哀侯❶娶于陈，息侯❷亦娶焉。息妫将归❸，过蔡。蔡侯曰："吾姨也。"止而见之，弗宾❹。息侯闻之，怒，使谓楚文王曰："伐我，吾求救于蔡而伐之。"楚子从之。秋九月，楚败蔡师于莘，以蔡侯献舞归。

……蔡哀侯为莘故，绳❺息妫以语❻楚子。楚子如息，以食入享❼，遂灭息。以息妫归，生堵敖及成王❽焉，未言。楚子问之，对曰："吾一妇人而事二夫，纵弗能死，其又奚❾言？"楚子以蔡侯灭息，遂伐蔡。

注释

❶ 蔡哀侯：春秋时蔡国国君，姬姓，名献舞。

❷ 息侯：春秋时息国国君。

❸ 息妫（guī）将归：息妫，姓妫的女子，嫁到息国，所以称为息妫；归，女子出嫁。

❹ 弗宾：不以宾客之礼对待。

⑤ 绳：夸奖，称赞。

⑥ 语（yù）：对……说，告诉。

⑦ 享：宴飨，用酒食款待人。

⑧ 堵敖及成王：堵敖、成王都是息妫之子。

⑨ 奚（xī）：什么、哪里，表示疑问。

译文

　　蔡哀侯娶了陈国的女子，息侯也娶了陈国的女子（被称为"息妫"）。息妫出嫁时，路过蔡国。蔡哀侯说："这是我小姨子。"（蔡哀侯）留下来见息妫，（看见息妫漂亮）不是很守礼节。息侯听说后很生气，派人对楚文王说："你假装来征伐我国，我派人去蔡国求救，然后你趁机去讨伐蔡国。"楚文王（正想征服四方）便听从了。秋季九月，楚国在莘地打败蔡国，抓住了蔡哀侯才回去。

　　……蔡哀侯因为莘地战败被俘的缘故，在楚文王面前极力夸赞息妫的美貌。楚文王于是去了息国，假装设宴招待息侯，趁机灭亡了息国。（楚文王）将息妫带回楚国，息妫生下了堵敖和成王，她从来不主动说话。楚文王问她缘故，她回答："我一个女子，嫁了两个丈夫，纵使不能去死，又能说什么呢？"楚文王因为蔡哀侯挑拨才灭亡了息国，（为讨好息妫）于是又去讨伐蔡国。

解析

　　古代有一个"鹬蚌相争，渔翁得利"的故事：一条河水边，河蚌张开壳晒太阳，鹬鸟飞过来，伸嘴去啄河蚌的肉。河蚌连忙把壳合上，鹬鸟的嘴还没出来，被河蚌紧紧夹住了。鹬鸟说："今天不下雨，明天不下雨，你就会干死。"河蚌说："今天不放开你，明天不放开你，你就会饿死。"它们两个谁也不肯先放开。这时，渔夫来了，将河蚌和鹬鸟一块捉去了。

蔡国和息国就好比是河蚌和鹬鸟，楚国就是渔夫。蔡、息都是小国，而且有亲戚关系，却因为一些矛盾而互相争斗，想方设法坑害对方，最终被楚国"一锅端"了去，何苦来哉！

鬻拳谏楚

初，鬻拳❶强谏楚子，楚子弗从，临之以兵❷，惧而从之。鬻拳曰："吾惧君以兵，罪莫大焉。"遂自刖❸也。楚人以为大阍❹，谓之大伯，使其后掌之。君子："鬻拳可谓爱君矣，谏以自纳于刑，刑犹不忘纳君于善。"

注 释

❶ 鬻（yù）拳：春秋时楚国官吏。

❷ 兵：兵器、武器。

❸ 刖（yuè）：古代一种砍脚的刑罚。

❹ 大阍（hūn）：阍，宫门。大阍，古代看守城门的官。

译 文

当初，鬻拳坚决阻止楚文王（杀蔡国国君），楚文王不听，鬻拳用兵器威胁楚文王，楚文王害怕，才听从了鬻拳的话。鬻拳说："我用兵器威胁君王，没有比这更大的罪过了。"于是自己砍断自己的脚作为惩罚。楚国人便让他去看守楚国城门，这个官职被称为"太伯"，让他的后代也掌管这个官职。君子说："鬻拳可以说是忠

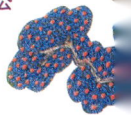

君爱国了，因为劝阻君王（过激）而自己给自己判刑，受了刑罚还不忘让国君走正道。"

解 析

鬻拳掌管城门后，又发生了一次"犯上"的行为：有一天，楚文王和巴国打仗打输了，带着军队逃回楚国。鬻拳把守着城门，不让楚文王进城。鬻拳认为楚国败给巴国，没脸见祖宗。为了逼楚文王进取，鬻拳让他带兵去攻另外一个小国，得胜了才开城门。楚文王没法，只好领着兵打下另一个小国，回来的路上却得病死了。鬻拳安葬了楚文王后，也自杀"谢罪"了。

"良药苦口利于病，忠言逆耳利于行。"鬻拳是一名独特的忠臣，身为臣子而冒犯君王，事后又给自己严厉的惩罚，以免他人效仿，可见他不是真的"犯上作乱"。当然，鬻拳能够成功进谏，也是因为楚文王本身足够宽容大度。若是换成一个心胸狭隘、我行我素的国君，鬻拳恐怕不仅无法忠君之事，还会落个凄惨的下场。

王子颓乐祸

冬，王子颓❶享五大夫，乐及遍舞❷。郑伯闻之，见虢叔❸，曰："寡人闻之，哀乐失时，殃咎❹必至。今王子颓歌舞不倦，乐祸❺也。夫司寇行戮❻，君为之不举，而况敢乐祸乎！奸❼王之位，祸孰❽大焉？临祸忘忧，忧必及之。盍❾纳王乎？"虢公曰："寡人❿之愿也。"

注 释

❶ 王子颓（tuí）：周庄王的儿子，曾发动叛乱驱赶周天子，自立为王。

❷ 遍舞：遍及所有的舞蹈。

❸ 虢（guó）叔：虢公丑，虢国国君，后来虢国被灭，他跑到了周朝国都。

❹ 殃咎（yāng jiù）：灾祸。

❺ 乐祸：把祸难当作快乐。

❻ 司寇（kòu）行戮（lù）：司寇，古代司法官；行戮，实行杀戮之事。

❼ 奸：干犯，扰乱。

❽ 孰（shú）：谁，什么。

❾ 盍（hé）：何不、为什么。

❿ 寡人：古代国君的自称。

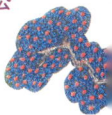

译 文

冬季，王子颓（赶走了周天子，夺取了天子之位后）设宴席款待五位大夫，奏乐并舞遍各个时代所有的舞蹈。郑国国君听说了这件事，去见虢叔，说："我听说，悲哀和快乐不是时候，祸难就一定会来。现在王子颓观看歌舞而不知疲倦，这是把祸患当成高兴的事情。法官依法杀了人，国君都要为此减少饮食和歌舞，何况他敢如此幸灾乐祸呢？他夺取天子之位，祸难还有比这更大的吗？面临祸难而忘记忧患，忧患就一定会来。我们何不让原来的天子复位？"虢叔说："这也是我所想的。"（于是二人密谋杀了王子颓，迎接原来的天子回国。）

解 析

"幸灾乐祸"是一个成语，表示对别人的灾难和祸害感到高兴。看到别人受难而感到高兴，是"不仁"的表现。对待敌人或罪犯，虽然不得不将他们杀死，却不能为这杀人的行为感到高兴。王子颓大吹大擂地庆祝自己的篡位行为，丝毫没有仁心，得不到诸侯的支持，所以坐不稳天子之位。

《论语》中说，孔子参加别人的丧礼时，桌上的饭菜再好吃，他也不会吃饱，这是对别人丧事的尊重。别人在哀伤，自己大吃大嚼，多不合适！同样，孔子当天因为一件事情悲伤过，就不会再唱歌和娱乐，这也是对悲伤的尊重。有仁心的人，不会因喜忘忧。

卜昼卜夜

（敬仲）饮桓公酒，乐。公曰："以火继之①。"辞②曰："臣卜其昼，未卜其夜，不敢。"君子③曰："酒以成礼，不继以淫，义也；以君成礼，弗纳于淫，仁也。"

注释

① 以火继之：火，蜡烛。点燃蜡烛继续饮酒。

② 辞：推辞，辞谢，拒绝。

③ 君子：本义是地位高的人，后来引申为人格高尚的人。

译文

敬仲招待齐桓公宴饮，大家很尽兴。（到了傍晚）齐桓公说："点上蜡烛继续吧！"敬仲辞谢说："我只知道白天招待君主，不知道晚上陪酒，不敢遵命。"有高士评价说："饮酒是用来完成礼仪的，不能没有节制地喝，这是义；敬仲和国君饮酒完成了礼仪，不让国君饮酒过度，这是仁。"

解 析

什么叫"淫"?"淫"就是放纵过度、没有节制。古人做事情最讲究"节制",喜怒哀乐都要适度,达到"意犹未尽"的状态最佳。比如:吃饭吃个七八分饱最好,不能因为喜欢吃这道菜,就吃得肚撑;休闲娱乐也要适度,不能因为一时兴起,就颠倒了白天黑夜!敬仲招待国君,虽然很快乐,但又不忘节制,因此君子认为他有仁的品德。

子元伐郑

秋，子元以车六百乘伐郑[1]，入于桔秩之门[2]……
众车入自纯门[3]，及逵市[4]。县门不发[5]，楚言而出。
子元曰："郑有人焉。"诸侯救郑，楚师夜遁[6]。郑人
将奔桐丘，谍告曰："楚幕有乌[7]。"乃止。

注 释

[1] 子元以车六百乘（shèng）伐郑：子元，春秋时
楚国令尹；乘，古代四匹马拉的兵车。

[2] 桔秩（jú dié）之门：春秋时郑国远郊的城门。

[3] 纯门：郑国都外城门。

[4] 逵（kuí）市：古代城内大路两旁的集市。

[5] 县门：古代内城的闸板放下来可以阻拦敌军。
楚军进入了城门，郑国人却不放下县门抵抗，
所以楚人起了疑心。

[6] 遁（dùn）：逃跑。

[7] 楚幕有乌：楚幕即楚国军幕，是驻扎军队的帐
篷。军幕上栖息了乌鸦，表明帐篷里没有人了。

译 文

秋天，（楚国）子元率领六百辆战车讨伐郑国，在郑国远郊城门长驱直入……众多车辆从郑国的纯门进去，很快到达城内大路旁的市场。郑国内城门还没有放下来，（楚国人起了疑心，害怕郑国有埋伏）用楚国方言商量了一会儿就退出去了。子元说："郑国有人才。"正好诸侯要赶来救郑国，楚国军队就连夜撤走了。郑国人（还不知道楚国退军）想逃到桐丘去，间谍报告说："楚国军队帐篷上有乌鸦栖息（说明帐篷里没人）。"郑国人才停止了逃跑。

解 析

"三十六计"中有"空城计"，带兵打仗，军情虚虚实实，很难判断。如果能利用敌人不敢冒险的心理，就能化被动为主动。弱小的郑国在强大的楚军打来时，反而大开城门，仿佛没有戒备一般，这让楚军不敢冒险进去。这大概是最早的"空城计"。

《三国演义》里，蜀汉与魏交战。司马懿率领十五万大军前来袭击诸葛亮，诸葛亮身边只有五千军队，还有一半去押送粮草了，根本无法打仗。兵荒马乱之际，诸葛亮登楼观望，想出了一个计策。他传令让部下将所有旗帜收起来，叫士兵们不准出声，派几个人假装老百姓在街头扫地，同时大开城门。诸葛亮自己穿戴整齐，带着两个书童，坐在城楼上焚香弹琴。司马懿气势汹汹来到城下，看见这个阵势，反而起了疑心，他害怕城内有埋伏，不敢进城，连忙带着军队撤退了。诸葛亮凭借自己的智慧，躲过了这一劫！"空城计"因此而闻名。

有神降于莘

秋七月，有神降于莘①。

惠王问诸内史过②曰："是何故也？"对曰："国之将兴，明神降之，监其德也；将亡，神又降之，观其恶也。故有得神以兴，亦有以亡，虞③、夏、商、周皆有之。"王曰："若之何？"对曰："以其物享④焉。其至之日，亦其物也。"王从之。内史过往，闻虢请命⑤，反曰："虢必亡矣，虐⑥而听于神。"

注 释

① 莘（shēn）：虢国地名。

② 惠王问诸内史过：惠王即周惠王；问诸，问之于；内史过，主管内史的史官，名叫过。

③ 虞（yú）：传说中的朝代名，相传是舜建立的。

④ 享：把祭品、珍品献给神鬼。

⑤ 闻虢（guó）请命：闻，听闻、听到；虢，春秋时诸侯国名；请命，请求神明赐予。

⑥ 虐（nüè）：残暴狠毒。

译 文

秋季七月，有神降临在莘地。

周惠王询问内史过："这是什么缘故？"内史过回答："国家将要兴盛时，神明降临，是为了监督德行；国家将要灭亡时，神明降临，是为了观察罪恶。所以这世上有看到神明而兴盛的国家，也有看到神明而灭亡的国家。虞、夏、商、周都有过这种情况。"周惠王问："怎么对待它？"内史过回答："用相应的物品来祭祀，按照规定，这个日子该祭祀什么物品，就祭祀什么物品。"周惠王听从了。内史过前去祭祀，听到虢国人在请求神赏赐，内史过回来说："虢国必定要灭亡了，虢国君主为政暴虐，却听命于神明。"

解析

这次祭神之后，虢公在战争中打败了敌人，不禁得意扬扬，忘记了自己的不足。晋国人见了，评价说："虢国必将灭亡啊！他们的下阳被人灭了，却不知道害怕，反而又去和人打仗，恰好还打赢了。这是上天夺去了虢国反省自身的镜子，要加重虢国的罪恶啊！从此虢国必然会轻视晋国，且又不爱护国内百姓，过不了五年，虢国必然灭亡。"后来，虢国果然被晋国灭了。

古人祭祀鬼神，是对天地万物表达敬畏，并非为了索取，这种祭祀是一种信仰。与之相反，现在很多人求神拜佛，是希望神佛保佑自己发财、成功，更有甚者，直接把命运寄托在鬼神身上，这就不是"信仰"，而是"迷信"了！

千年前古人就已经明白，神明并不会偏私于任何人，它只是道德和罪恶的监督者。任何事情的成败，只在于自己怎么做。如果自己不努力向善、向上，再怎么求神也是没用的！一时的胜利，不仅不能带来好处，反而会助长骄傲、嚣张的气焰，从而导致灭亡。

鲁闵公

管仲论狄

狄人①伐邢②。管敬仲③言于齐侯曰:"戎狄豺狼,不可厌也。诸夏亲昵④,不可弃也。宴安鸩毒⑤,不可怀也。《诗》云:'岂不怀归,畏此简书⑥。'简书,同恶相恤⑦之谓也。请救邢以从简书。"齐人救邢。

注 释

① 狄(dí)人:春秋时北方的少数民族。当时中原国家称呼少数民族为:蛮、夷、戎、狄(东边的叫夷,西边的叫戎,南边的叫蛮,北边的叫狄)。

② 邢(xíng):春秋时诸侯国之一。

③ 管敬仲:即管仲。"敬"是他的谥号。

④ 诸夏亲昵(nì):诸夏,周代分封的诸侯国,泛指中原、中国,同华夏;亲昵,十分亲密。

⑤ 鸩(zhèn)毒:毒药。

⑥ 简书:周天子传令出征的文书,写在竹简上,所以称"简书"。

⑦ 同恶(wù)相恤(xù):同恶,共同憎恶的对象;相恤,互相体恤、帮助。同恶相恤是指朋友之间要同仇敌忾、互相帮助。

译 文

狄人进攻邢国。管仲对齐桓公说:"戎狄是豺狼,是难以满足的。中原各国互相亲近,是不能抛弃的。安逸就好像是毒药,是

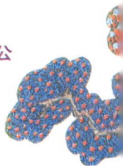

不能怀念的。《诗经》有一句话说：'难道不想回家吗？怕的是这天子的诏书。'天子的诏书，写的是同仇敌忾、互相帮助。请您遵循天子诏书去救援邢国吧。"（于是）齐国救援了邢国。

解 析

春秋时，中原各国自称华夏，而远在边疆的少数民族，因为文化落后、没有礼仪，被中原各国称为蛮、夷、戎、狄。

孔子说："夷狄之有君，不如诸夏之亡也。"野蛮的国家即便有君主，也不如华夏族没有君主。因为野蛮国家不讲礼仪，无法成事。管仲说狄人是豺狼，要齐桓公去救援邢国（华夏国家之一），就是一种民族团结的观念。

有一次，鲁国想要背叛晋国，去和南边的楚国交好，大臣劝诫说："非我族类，其心必异。"他们认为，楚国是南蛮，和中原国家不是同族，是无法团结在一起的，所以鲁国只得作罢。不过，楚国后期的文明越来越接近中原，渐渐加入了华夏圈，诸侯便不再以蛮夷看待楚国了。随着历史的发展，各民族出现融合，成了中华民族，这是后话。

鲁不可取

　　仲孙归，曰："不去庆父，鲁难未已❶。"公曰："若之何而去之？"对曰："难不已，将自毙❷，君其待之。"公曰："鲁可取乎？"对曰："不可，犹秉周礼❸。周礼，所以本也。臣闻之，国将亡，本必先颠，而后枝叶从之。鲁不弃周礼，未可动也。君其务宁鲁难而亲之。亲有礼，因重固❹，间携贰❺，覆昏乱，霸王之器也。"

注　释

❶ 不去庆父，鲁难（nàn）未已：鲁庄公的正妻没有儿子，大夫们在继承人选上产生了分歧。庆父是鲁庄公同父异母的弟弟，在鲁庄公死后作乱谋反，连杀了两位国君，制造了极大的灾难。因此后人用"不去庆父，鲁难未已"这个成语，比喻不除掉制造内乱的罪魁祸首，国家就得不到安宁。

❷ 毙（bì）：扑倒，死亡。

❸ 秉（bǐng）周礼：秉，遵循；周礼，周代礼制。

❹ 因重固：因，因袭、顺着；重固，防御稳固的国家。

❺ 间（jiàn）携贰：间，离间、使人不和；携贰，怀有二心，即国家内部不团结。

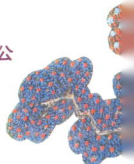

译 文

仲孙（慰问鲁国国难后）回来说："不除去庆父，鲁国的灾难就不会停止。"齐桓公说："怎么才能除去他？"仲孙回答："祸难不止，他将会自取灭亡，您就等着吧！"齐桓公问："我可以取得鲁国吗？"仲孙说："不行，因为鲁国还遵循着周礼。周礼，是一个国家的根本。我听说，国家将要灭亡，就像大树一样，躯干必定最先被颠覆，然后枝叶才陆续凋落。鲁国没有放弃周礼（就像大树躯干没有倒塌），所以不能去攻打他们。您不如致力于平定鲁国灾难，去亲近他们。亲近有礼的国家，依靠稳固坚定的国家，离间内斗的国家，灭掉混乱的国家，这才是称霸的方式。"

解 析

野蛮国家即便有强大的军事实力，也不如有文化积淀的国家能得以长久。

纵观历史，匈奴曾一度昌盛，甚至和汉王朝、罗马帝国并称于世，但匈奴没有自己的文化传承，甚至没有自己的文字，现在已消失在历史长河中。相反，中国曾面临多次国难，却因为一脉相承的文化而星火不绝。

鲁国虽然有人作乱，但整体是遵循周礼的，有自己深厚的文化传统，即便国难当头，也不会轻易亡国。文化不灭，国家不亡。

卫懿公好鹤

　　冬十二月，狄人伐卫。卫懿公[1]好鹤，鹤有乘轩[2]者。将战，国人受甲者[3]皆曰："使鹤，鹤实有禄位[4]，余焉能战！"公与石祁子玦[5]，与宁庄子矢[6]，使守，曰："以此赞国[7]，择利而为之。"……及狄人战于荧泽[8]，卫师败绩[9]，遂灭卫。卫侯不去其旗，是以甚败。

注　释

❶ 卫懿（yì）公：春秋时期卫国第十八任国君。

❷ 乘轩：古代的一种马车，一般是做官的人乘坐。

❸ 受甲者：接受甲胄兵器的人，也就是将去打仗的人。

❹ 禄（lù）位：俸禄和官位。禄，古代官员的薪水。

❺ 公与石祁（qí）子玦（jué）：公，指卫懿公；石祁子，人名，卫国官员；玦，环形有缺口的玉器，常用来表示决断。卫懿公将玉玦给石祁子，是要他负责出谋划策和做决断。

❻ 与宁庄子矢（shǐ）：宁庄子，人名，卫国官员；矢，箭。卫懿公给宁庄子弓箭，是要他领兵打仗。

❼ 赞国：辅助国家。

❽荧（yíng）泽：地名，在今河南淇县东。

❾败绩：即战败、溃败。

译 文

冬季十二月，狄人出兵攻打卫国。卫懿公非常喜欢鹤，他养的鹤甚至都乘华丽的马车，还按照品级授予官职俸禄。因此，（国家）将要开战时，国内被派去打仗的士兵都说："让他指使鹤去打仗吧，鹤享有官位俸禄，我们又没有官位俸禄，怎么能去打仗？"卫懿公只好把玉玦给石祁子，把弓箭给宁庄子，让这二人去防守，说："我用这些东西来辅助国家，你们选择有利的事情去做。"……等到和狄人在荧泽开战，卫国军队被打败了，于是狄人灭了卫国。作战时，卫懿公舍不得扔掉自己的旗子（狄人看到旗子，就以卫懿公为目标进行追击），所以卫国惨败。

解 析

卫懿公出身王侯之家，却对百姓疾苦不闻不问，为了养鹤而扩建宫殿，动用国库财物，致使民怨沸腾。卫懿公又爱惜旗子，不肯扔掉，最终惨死于乱军之中。

每个人都会有自己的爱好，过分沉迷其中，影响到正常的生活和工作，就会得不偿失。一个人权力越大，过分沉迷爱好所带来的危害也就越大！

相传周武王时期，西方有一个小国叫旅国，旅国人给周武王献上一只叫獒（áo）的大狗，这狗长得威猛，还通人性，会给周武王行礼。周武王非常喜欢。

当时有一位大臣叫召公奭（shì），召公奭觉得帝王过分沉迷于玩物不好，就写了一篇文章叫《旅獒》，用"玩人丧德，玩物丧志"来劝诫周武王：玩弄其他人会损害自己的德行，过分沉迷玩物则会丧失进取的志向。

周武王读了《旅獒》，猛然警醒，把收到的贡品都分给了有功之臣，自己则继续兢兢业业治理国家，周王朝因此安安稳稳延续了几百年。反观卫懿公，就是典型的"玩物丧志"了。

鲁僖公

假虞灭虢

晋苟息①请以屈产之乘②与垂棘之璧③，假道④于虞以伐虢⑤。公曰："是吾宝也。"对曰："若得道于虞，犹外府⑥也。"……虞公许之，且请先伐虢。宫之奇谏⑦，不听，遂起师。

……晋灭虢，虢公丑⑧奔京师。师还，馆于虞⑨，遂袭虞，灭之。

注 释

❶ 晋苟息：晋国大夫苟息。

❷ 屈产之乘：屈地产的良马。

❸ 垂棘（jí）之璧：垂棘产的玉璧。

❹ 假道：假，借。假道，即借路。

❺ 虞（yú）、虢（guó）：春秋时小国，晋国要出兵虢国，必须经过虞国，所以要向虞国借道。

❻ 外府：王室的仓库称为内府，外府即外面的府库。晋国如果把虞国一并灭掉，虞国的仓库就相当于晋国在外面的府库了。

❼ 宫之奇谏（jiàn）：宫之奇，人名，虞国大夫；谏，规劝、向君主进言。

❽ 虢公丑：虢国亡国之君，名丑。

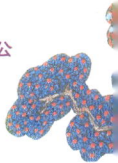

❾ 师还（huán），馆于虞：军队回去，在虞国驻扎下来。

译 文

晋国荀息请求用屈地养育的良马和垂棘出产的玉璧做礼物，去向虞国借路，讨伐虢国。晋献公说："这两样东西是我的宝贝啊！"荀息说："如果能借到虞国的路，您这宝贝就像存放在外面的府库里一样。"……虞国国君（接受了贿赂）允许晋国借路，并且还请求由自己先带兵去打虢国。（虞国大夫）宫之奇劝诫虞公不要借路，虞公不听，于是起兵去打虢国了。

……晋国灭掉了虢国，虢国国君逃奔到京师洛邑去了。晋国军队返回时，在虞国驻扎，于是袭击虞国，灭掉了虞国。

解析

晋国一共两次向虞国借路，宫之奇都竭力劝阻。第二次借路时，宫之奇劝阻说："虢国是虞国的外围，虢国被灭了，虞国也要跟着被灭。不能打开晋国的野心啊！嘴唇被灭了，牙齿会受到寒冷，虢国和虞国就像是嘴唇和牙齿的关系！"虞公不听，最后被灭国。

我们看待事情时，目光要放长远，不能只看眼前利益，要为长远发展做打算。虞公因为目光短浅、自私愚蠢，为了一时的贪欲而出卖了友邦，导致自己也被灭。

北宋王安石也讲述了一个目光短浅的故事：有一个孩子叫方仲永，五岁时曾哭着要笔墨。父母感到很奇怪，就借了笔墨给仲永。仲永立刻写了四句诗，乡里秀才看了都夸写得好。乡里人便认为仲永是个神童，纷纷邀请他作诗题字并给予报酬。仲永的父母看到有钱赚，天天拉着仲永去拜见他人，也不让仲永学习。久而久之，仲永渐渐长大，才华却已经和普通人没什么两样了。这对父母就是因为目光短浅而误了仲永一辈子！

齐桓公伐楚盟屈完

　　齐侯陈❶诸侯之师，与屈完❷乘而观之。齐侯曰："岂不谷❸是为？先君之好是继。与不谷同好，如何？"对曰："君惠徼福于敝邑之社稷❹，辱收寡君，寡君之愿也。"齐侯曰："以此众战，谁能御之？以此攻城，何城不克？"对曰："君若以德绥❺诸侯，谁敢不服？君若以力，楚国方城❻以为城，汉水❼以为池，虽众，无所用之。"

注 释

❶ 陈：列阵。后作"阵"。

❷ 屈完：春秋时楚国大夫。

❸ 不谷：天子自称，后来成为诸侯之长的谦称。

❹ 君惠徼（yāo）福于敝邑（bì yì）之社稷（jì）：惠，恩惠，表示敬意；徼，求；敝邑，对自己国家的谦称；社稷，土神和谷神，古代君主都要祭祀这两个神，代指国家。

❺ 绥（suí）：安抚，使平定。

❻ 方城：山名，在淮水以南。

❼ 汉水：河流名称。

少读国学
图说左传

译 文

（齐桓公率领诸侯讨伐楚国，楚国派大夫屈完来谈判。）齐桓公将诸侯的军队排列成阵，和屈完乘车观看。齐桓公说："出兵难道是为我一个人吗？为的是继续先君建立的友好关系。我们两国结成友好，怎么样？"屈完回答："您惠临我国，为我们社稷求福，承蒙您收纳我们国君，这也是我们国君的愿望。"齐桓公（夸耀）说："我用这些军队作战，谁能抵挡得了？我用这些军队攻城，哪座城池攻不下来？"屈完说："您如果用德行来安抚诸侯，谁敢不服从？您如果用武力相威胁，我们楚国有方城山作为城墙，有汉水作为护城河，您的兵马虽多，却没有用处。"

解 析

齐桓公称霸中原后，四处讨伐不顺服的国家。有一次，齐桓公带兵打楚国。楚国派人对齐桓公说："您住在北方，我住在南方，即便让牛马在风里乱跑，也到不了一块，我们两国毫不相关，不想您却派人到了我们国境，这是什么缘故？"

管仲代替齐桓公回答："我们先君奉了周王的命令，可以征讨天下犯错的诸侯。你们国家不向周天子进贡包茅，让天子无法酒酒进行祭祀，所以我来征伐你们。当年周昭王到南方来征伐你们，却被淹死在楚国，我来问问原因。"楚国使者回答："没有进贡包茅，是

我们的罪过，怎么敢不进贡？至于昭王没回去的事情，您得去问问河水了。"

齐桓公本为了炫耀武力，随便找了个借口出兵。对此，楚国人的回答也很机智，承认小错，而不承认大错，双方僵持不下。几个月后，楚国派屈完来议和。齐桓公依旧对着屈完炫耀武力，想让楚国人害怕。谁知屈完不吃这一套，他对齐桓公的议和态度表现得谦恭有礼，而对耀武扬威的行为则表现得不卑不亢。德行能服人，武力只会让人口服心不服。齐桓公也不想和楚国结仇，就和楚国订立盟约，撤兵回去了。

申侯之死

初，申侯，申出也，有宠于楚文王。文王将死，与之璧，使行，曰："唯我知女❶，女专利❷而不厌，予取予求，不女疵瑕❸也。后之人将求多于女，女必不免。我死，女必速行。无适❹小国，将不女容焉。"既葬，出奔郑，又有宠于厉公❺。子文❻闻其死也，曰："古人有言曰'知臣莫若君'，弗可改也已。"

注释

❶ 女（rǔ）：你。

❷ 专利：一心谋利。

❸ 疵瑕（cī xiá）：用作动词，指责缺点。

❹ 适：到、去。

❺ 厉公：郑厉公，郑国国君。

❻ 子文：春秋时楚国令尹。

译文

当初，申侯，是申国人生的，楚文王很喜欢他。楚文王死前，

给了申侯一块白璧，让他离开楚国，说："只有我了解你，你专注于利益且永不满足，你从我这里取，从我这里求，我都不会指责你。以后的国君肯定会向你索取大量财富，你肯定难免获罪。我死之后，你一定要赶紧离开楚国。你不要去小国家，他们不会容纳你的。"楚文王下葬后，申侯逃到了郑国，又得到了郑厉公的宠爱。（后来，申侯因为贪婪而得罪了人，被告谋反，郑文公就杀了申侯。）子文听到申侯的死讯，说："古人有句话叫'只有国君最了解臣子'，这话是无可改变的真理呀！"

解 析

齐桓公征讨楚国后，要率领大军回去。陈国害怕大军从自己的地盘路过，会吃掉自己很多粮食，就派人向齐桓公建议："沿着东边路线回国，顺便向东边那些不臣服的小国示威。"

当时的申侯已经跑到了郑国当官。申侯表面支持陈国人的建议，暗地里却又跑去对齐桓公说："您的军队在外面待久了，如果往东走遇到敌人，恐怕是不能打硬仗的。您直接从陈国和郑国借道回去，由这两国供给粮食衣物就行了。"齐桓公一想，陈国提建议是不怀好心，就抓了陈国人。申侯因此得到一笔大大的奖励。从此，陈国人一直记恨着申侯。

有一天，陈国人骗申侯说："只要把城池修建得很牢固，就一定会得到郑国国君的奖赏。"申侯贪图奖赏，就认真修建城池。陈国

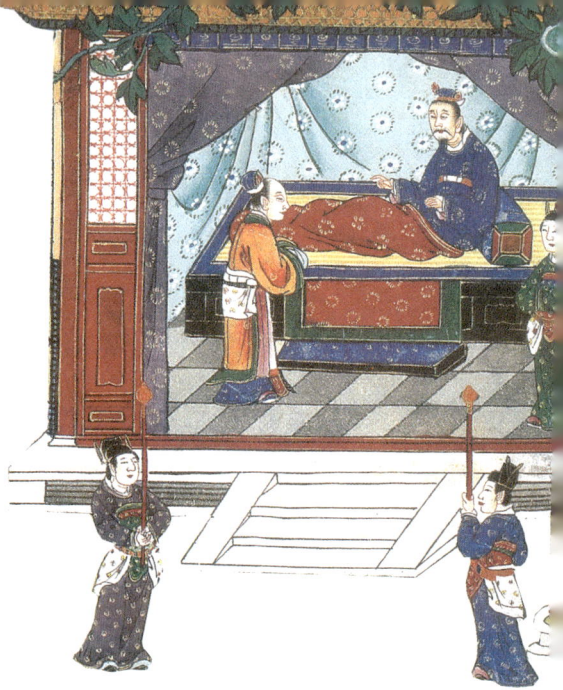

人便趁机诬陷申侯，对郑国国君说申侯修建坚固的城池，是想要谋反。郑国国君对申侯也起了疑心，就将申侯杀了。申侯没能善终，正好应验了楚文王的话。贪恋利益虽然算不上很大的罪过，但若不考虑他人的感受，就容易得罪人，从而引人记恨、惹祸上身。

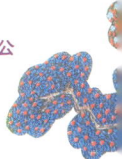

齐桓公下拜受胙

　　王使宰孔赐齐侯胙❶，曰："天子有事于文、武❷，使孔赐伯舅胙❸。"齐侯将下拜❹。孔曰："且有后命。天子使孔曰：'以伯舅耋老❺，加劳❻，赐一级，无下拜。'"对曰："天威不违颜咫尺❼，小白❽，余敢贪天子之命，无下拜？恐陨越❾于下，以遗❿天子羞。敢不下拜？"下，拜；登，受。

注　释

❶ 王使宰孔赐齐侯胙（zuò）：王，指周襄王；宰孔，宰是官名，孔是人名；齐侯，齐国国君是侯位，所以称齐侯，这里指齐桓公；胙，供祭祀用的肉，祭祀完了之后，肉要分发给亲近的人。

❷ 有事于文、武：有事，有祭祀之事；文、武，指周文王、周武王。周襄王祭祀祖先，将祭肉赐给齐桓公，表达亲近。

❸ 使孔赐伯舅胙：使，派遣；孔，宰孔的自称；伯舅，周天子对异姓诸侯的称呼。

❹ 下拜：下台阶拜谢。天子赐给诸侯物品，按照礼节，诸侯必须下台阶跪拜，表达感谢。

❺ 耋（dié）老：七八十岁的年纪，泛指老年。

❻ 加劳：加上功劳。

❼ 天威不违颜咫(zhǐ)尺：天威，天子
　　的威严；不违，不离、不违背；颜，
　　脸、面；咫尺，形容距离近。天子威
　　严不离我咫尺。

❽ 小白：齐桓公的名，这里是自称。

❾ 陨(yǔn)越：坠落，颠倒。

❿ 遗(wèi)：赠送，送给。

译文

　　周王派宰孔赐给齐桓公祭肉，
说："天子祭拜文王、武王，让我来
赐给伯舅祭肉。"齐桓公将要下台阶
拜谢，宰孔说："还有一道命令。天
子让我对您说：'因为伯舅您年纪大
了，加上有功劳，另赐一级，不需
要下台阶拜谢了。'"齐桓公说："天
子的威严就在我面前，我怎么敢接
受天子的命令而不下台阶拜谢？我
怕我会摔个跟头到台阶下，让天子
蒙羞，我怎么敢不下台阶拜谢呢？"
于是下了台阶，叩首拜谢；又登上
台阶，接受了赐予的祭肉。

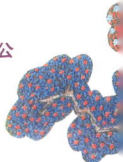

解析

周天子也曾给晋惠公赏赐瑞玉，晋惠公接受赏赐时，精神不振作。周天子的使者就感慨道："晋惠公的后代怕是保不住国君位子了！天子以恩宠赏赐他，他反而态度懒散，这是自暴自弃了，还能有什么继承人？"后来，晋惠公的儿子果然没保住自己的君位，被人杀死了。

别人给你优待和礼遇，不代表你就可以骄傲自大、为所欲为。人与人之间的任何关系都是如此，我给你尊重和优待，你也要懂得进退，才不会招来灾祸。

三国时期，曹操和袁绍开战，双方僵持不下。这时，许攸前来投奔曹操，献了一条妙计，一举攻破了袁绍大军。许攸从小就认识曹操，再加上立了功劳，不免得意忘形。有一次，他在大庭广众之下对曹操说："阿瞒，没有我，你得不到冀州！"阿瞒是曹操的小名，一般人是不敢随意叫的。许攸却直呼曹操小名，还将曹操小时候的丑事拿出来说笑，这让曹操很没面子。几次三番如此，曹操忍无可忍，将许攸收押处死了。

里克伏剑

　　将杀里克，公使谓之曰："微子❶则不及此。虽然，子杀二君与一大夫❷，为子君者，不亦难乎？"对曰："不有废也，君何以兴？欲加之罪，其无辞乎？臣闻命矣。"伏剑而死。

注释

❶ 微子：微，没有；子，你。

❷ 子杀二君与一大夫：里克连杀两位幼主，荀息也因此而死，所以说他杀了两位君主与一位大夫。

译文

　　将要杀里克时，晋惠公派人对里克说："如果没有你，我也登不上国君的位子。虽然这样，但你杀了两位君主和一位大夫，我当你的君主，不是太难了吗？"里克回答说："不是前面废了两位君主，您如何能继位呢？想要给我加上罪名，难道还怕没有借口吗？我知道您的命令了。"于是拔剑自杀了。

解 析

晋献公想让骊姬的儿子继位，便放任骊姬诬陷太子，将太子杀了，又驱逐了其他公子。太子蒙冤，众多公子被逐，这引起了晋国的内乱。晋献公死后，里克便杀掉骊姬的儿子，并迎回一名公子（即晋惠公）继位。

里克有拥立新君的功劳，理应受到封赏。但是，臣子以下犯上，这让晋惠公害怕。晋惠公担心里克也会杀了自己，再加上其他诸侯不能容忍里克弑君的行为，所以里克走投无路，只能拔剑自杀。

里克有一个好友，名叫荀息。荀息虽然知道太子蒙冤，众多公子也很无辜，但荀息非常忠心，他曾受到晋献公的临终嘱托，所以始终拥护骊姬的儿子。骊姬的儿子被杀后，荀息也跟着殉难了。

里克和荀息的选择相反，却都因为权力争斗而死，我们也很难说他们谁对谁错。身处权力旋涡之中，既要立身正派，又要保全自己，是很不容易的。为人处世，也有许多这样的难题，我们只能尽力而为，只要不违背自己的初衷，回想起来问心无愧，那么，成败也就没那么重要了。

晋乞籴于秦

　　冬，晋荐饥❶，使乞籴❷于秦。秦伯❸谓子桑❹："与诸乎？"对曰："重施而报，君将何求？重施而不报，其民必携❺，携而讨焉，无众必败。"谓百里❻："与诸乎？"对曰："天灾流行，国家代有，救灾恤邻，道也。行道有福。"邳郑之子豹❼在秦，请伐晋。秦伯曰："其君是恶，其民何罪？"秦于是乎输粟❽于晋。

　　……冬，秦饥，使乞籴于晋，晋人弗与。庆郑曰："背施❾无亲，幸灾❿不仁，贪爱⓫不祥，怒邻⓬不义。四德皆失，何以守国？"……虢射曰："无损于怨而厚于寇⓭，不如勿与。"庆郑曰："背施幸灾，民所弃也。近犹仇之，况怨敌⓮乎？"弗听。

注释

❶ 荐饥：连续饥荒。

❷ 籴（dí）：买进粮食。

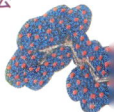

❸ 秦伯：秦国国君的爵位是伯，这里指秦穆公。

❹ 子桑：春秋时秦国大夫。

❺ 其民必携：他的百姓必会离心。

❻ 百里：春秋时秦国大夫百里奚。

❼ 邳（pī）郑之子豹：邳郑的儿子邳豹。邳郑本是晋国大夫，晋惠公要杀邳郑和里克，邳郑的儿子邳豹便逃到秦国，希望秦国讨伐晋惠公。

❽ 输粟：输送谷物。

❾ 背施：背，违背；施，恩惠。

❿ 幸灾：以他人的灾祸为幸事。

⓫ 贪爱：贪图和吝啬财物。

⓬ 怒邻：让邻国发怒，即得罪邻国。

⓭ 寇：外来侵略者、敌人。虢射认为秦国是敌人，所以称秦国为"寇"。

⓮ 怨敌：心怀怨恨的敌人。

译文

（晋惠公曾对秦国言而无信。）冬天，晋国接连发生饥荒，（晋惠公）派人到秦国购买粮食。秦穆公问子桑："要给他吗？"子桑回答："您给晋国恩惠，如果他知道报答的话，您还要要求什么呢？您给他恩惠，如果他不知道报答，他和百姓就会离心，等离心了您再去征讨，他失去了百姓的支持，必然会溃败。"秦穆公又问百里奚："要给他吗？"百里奚回答说："天灾流行，国家每一代都可能发生，救助灾民，体恤邻国，是符合道义的。做符合道义的事情就会有福。"邳郑的儿子邳豹在秦国，请求秦穆公去讨伐晋国。秦穆公说：

"他们的国君确实可恶，可他们的民众有什么罪过呢？"秦国于是给晋国输送了粮食。

……（后来的）冬天，秦国发生了饥荒，（秦穆公）派人去晋国求购粮食，晋国却不给。晋国大夫庆郑说："背弃恩惠就没有亲人，幸灾乐祸就是不仁，贪求吝啬财物就是不祥，惹怒邻国就是不义，四种德行都失去了，拿什么来守护国家？"……虢射说："（即便给他们粮食）也不会减少他们的怨恨，反而增加了敌人的实力，不如不给。"庆郑说："背弃恩惠、幸灾乐祸，是百姓所唾弃的。亲近之人尚且会因此成仇，何况是本来就有嫌隙的敌国呢？"晋惠公不听劝告。

解 析

如果敌国发生灾难，我们是应该幸灾乐祸、趁机攻打，还是应该秉持道义，伸出援手？历史上，秦穆公和晋惠公做出了不同的选择。秦穆公宽容贤明，因此得了晋国民心。晋惠公却自私愚蠢，屡次失信于人，最终也失去了民心。

后来，秦晋开战，晋惠公派大臣去看秦国军队的情况，大臣回来报告："秦国军队人数比我们少，但能够奋力作战的人却比我们多一倍。"晋惠公问："这是什么原因？"大臣说："国君您当初逃离祸乱，是依靠秦国的帮助；您能够成功回晋国，也是由于秦国的宠

信；晋国有了饥荒，我们又吃了秦国的粮食。秦国三次给我们恩惠，我们没有报答，这样才出现了战争。现在迎击他们，我军懈怠，秦国奋发，斗志岂止相差一倍啊！"这场战争，晋国是不占理的，晋国士兵也就没有什么斗志，因此，晋惠公被秦国活捉了去。

子鱼论战

冬十一月己巳朔❶，宋公及楚人战于泓❷。宋人既成列，楚人未既济❸。司马曰："彼众我寡，及其未既济也，请击之。"公曰："不可。"既济而未成列，又以告。公曰："未可。"既陈❹而后击之，宋师败绩。公伤股，门官歼❺焉。

国人皆咎❻公。公曰："君子不重伤❼，不禽二毛❽。古之为军也，不以阻隘❾也。寡人虽亡国之余，不鼓不成列。"子鱼曰："君未知战。勍❿敌之人，隘而不列，天赞我也。阻而鼓之，不亦可乎？犹有惧焉。且今之勍者，皆吾敌也。虽及胡耇⓫，获则取之，何有于二毛？明耻教战，求杀敌也，伤未及死，如何勿重？若爱重伤，则如勿伤；爱其二毛，则如服焉。三军以利用也，金鼓以声气也。利而用之，阻隘可也；声盛致志，鼓儳⓬可也。"

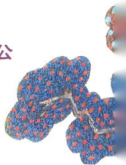

注 释

❶ 朔：农历每月初一。

❷ 泓（hóng）：河水名，在今河南柘（zhè）城西。

❸ 既济：既，尽，全的意思；济，度过。

❹ 陈：列阵。后作"阵"。

❺ 歼：歼灭。

❻ 咎：责备。

❼ 重（chóng）伤：两次伤害，杀伤已受伤的人。

❽ 不禽二毛：禽，捕捉，捉住，后作"擒"；二毛，斑白头发，指代老人。

❾ 阻隘：险阻关隘。

❿ 勍（qíng）：强。

⓫ 胡耇（gǒu）：年老的人。

⓬ 鼓儳（chán）：趁敌人队伍不齐时击鼓进攻。儳，不整齐。

译 文

冬季十一月初一，宋襄公领兵和楚国军队在泓水开战。宋国军队已经摆开阵势，楚国军队还没有渡过河水。司马说："他们人多，我们人少，趁着他们还没完全渡过河水，请下令袭击他们。"宋襄公说："不行。"楚国军队已经渡过河水，但还没有摆成阵列，司马又请求袭击。宋襄公说："不行。"楚国军队已经摆好阵列，然后宋国军队才去攻击，结果宋国大败。宋襄公伤了大腿，护卫官也被杀死了。

宋国人都怪宋襄公。宋襄公说："君子不伤害已经受伤的敌人，也不抓头发花白的老人。古时候作战，不依靠险阻关隘取胜。我虽然是亡国的殷商后代，但也不攻击没有做好准备的敌人。"子鱼说："国君还不懂战争。强大的敌人因为地势关系而没有摆开阵列，这是上天在帮助我们。阻止他们并击鼓进攻，不也是可以的吗？这样尚且还怕不能取胜。何况现在强大的国家都是我们的敌人。虽然对方是老年人，抓住了也不能放，何必要区分什么头发白不白呢？讲明耻辱以教导士兵作战，是为了杀死敌人，敌人受伤而没有死，为什么不能再攻击一次？如果可怜对方受伤而不再攻击，那还不如一开始就不去伤他；如果可怜对方头发斑白，那还不如直接顺服他。军队是因为有利才要用，战鼓是用声音去鼓舞士兵。有利就去用，即便是险阻关隘也可以利用；鼓声大作以鼓舞士兵志气，敌人没排好队列就击鼓攻击也是可以的。"

解 析

当时的宋国和楚国相比，只是一个小国。宋国夹在几个大国之间，生存已是不易。可是，宋襄公志向远大，一心要称霸中原，想借助楚国的威名达成自己的霸业。宋国公子目夷劝阻道："小国去争当盟主，这是祸患。宋国大概要灭亡了吧，失败得晚一点儿都算是幸运的了！"

开战后，宋襄公高举"仁义"大旗，不愿用智谋和手段对待敌人，正面迎上了楚国军队，结果损伤惨重。"仁义"虽然是美好的

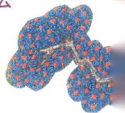

品德，却不适合用在战场上。战斗时对敌人仁义，就是对自己人残忍。宋襄公的护卫、士兵甚至老百姓，都被这种"仁义"所牺牲。

毛泽东曾经写文章评论："我们不是宋襄公，不要那种蠢猪式的仁义道德。"在战场上，英勇立功才是将士的荣耀。当然，如果国家之间能够和平共处，才是最好不过的。仁人君子，不主动侵略、欺侮他人，也绝对不能受他人的侵略、欺侮！

狐突教子不二

九月，晋惠公卒。怀公❶立，命无从亡人❷。期，期而不至，无赦。狐突之子毛及偃从重耳在秦❸，弗召。冬，怀公执狐突，曰："子来则免。"对曰："子之能仕，父教之忠，古之制也。策名委质❹，贰乃辟也❺。今臣之子，名在重耳，有年数矣。若又召之，教之贰也。父教子贰，何以事君？刑之不滥，君之明也，臣之愿也。淫刑以逞❻，谁则无罪？臣闻命矣。"乃杀之。

注 释

❶ 怀公：晋怀公，晋惠公之子。

❷ 亡人：逃亡在外之人。

❸ 狐突之子毛及偃（yǎn）从重耳在秦：狐突，晋国大夫，狐毛和狐偃是他的儿子；重耳，晋惠公的哥哥，即晋怀公的伯伯，当时逃亡在秦国。狐突的儿子狐毛和狐偃跟随重耳逃亡在秦国。

❹ 策名委质：策，春秋时写字用的竹片；策名，将名字写在竹简上。委，放下，质又写作"挚""贽"；委质，即放下礼物。古代地位低的人拜见地位高的人，不敢以客人自居，放下礼物随即退出。

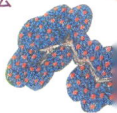

❺ 贰乃辟也：贰，即有贰心；辟，本义指施加刑罚，这里指罪过。贰乃辟也，有二心就是罪过。

❻ 淫刑以逞（chěng）：淫刑，滥用刑罚；逞：显威风、放纵、图快感。

译文

九月，晋惠公死了。晋怀公继位，下令臣民不准跟从逃亡之人（重耳）。规定了期限，到了期限还不回国，就不赦免。狐突的儿子狐毛和狐偃跟从逃亡的重耳在秦国，狐突不肯召回两个儿子。冬天，晋怀公抓了狐突，说："你儿子回来就赦免你的罪过。"狐突说："儿子能做官了，父亲要教给他忠诚，这是古制。将名字写在简策上，给主子带去礼物以表忠心，如果有贰心就是罪过。现在我的儿子，名字归入重耳的名下，已经有些年头了。如果我又将他们召回，那是在教他们三心二意。父亲教儿子三心二意，拿什么来侍奉国君呢？刑罚不滥用，是君主的贤明，也是我的愿望。滥用刑罚来图快感，谁能没有罪？我听到您的命令了。"晋怀公于是杀死了狐突。

解析

古人非常重视"忠"，背叛主公会被他人所讥讽。在《三国演义》中，吕布就是一个不忠的人。吕布本身姓吕，他先是认了丁原做义父，又因为一些小利益杀掉了丁原，投奔了董卓。接着吕布又因为一些怨愤，杀掉了董卓。后来，吕布被曹操抓住，他想顺势投降曹操。曹操想了想，认为吕布不忠诚，便没有接受吕布的投降，而将吕布处死了。

三心二意的人，即便能力再强，别人也不敢相信他。一个人没有了忠诚和信义，就无法在世上立足，所以狐突宁可自己身死，也不愿意让儿子做叛徒。晋怀公却认为狐突有罪，将狐突处死了。最后，晋怀公也不得善终，重耳回国当上了国君，狐突的儿子受到重用，家族兴旺，可谓苦尽甘来！

醉遣重耳

及齐，齐桓公妻●之，有马二十乘●，公子安之。从者以为不可。将行，谋于桑下。蚕妾在其上，以告姜氏●。姜氏杀之，而谓公子曰："子有四方之志●，其闻之者，吾杀之矣。"公子曰："无之。"姜曰："行也。怀与安，实败名。"公子不可。姜与子犯●谋，醉而遣之。醒，以戈●逐子犯。

注 释

● 妻（qì）：将女子嫁给某人。

● 二十乘（shèng）：古代四匹马拉的马车为一乘，二十乘即八十匹马。

● 蚕妾在其上，以告姜氏：蚕妾，养蚕的女奴；姜氏，齐国贵族姓姜，贵族女子被称为姜氏。养蚕的女奴在桑树上听到了，就把这件事告诉了姜氏。

● 四方之志：志在四方，即有远大志向。

● 子犯：即狐偃，子犯是他的字。子犯是重耳的舅舅，后来成为晋国重臣。

● 戈（gē）：古代兵器的一种。

译 文

（晋国公子重耳逃亡）到齐国，齐桓公将宗室女子姜氏嫁给他为妻，给了八十匹马，重耳安于这种生活（不思进取）。跟从重耳的人认为这样不行，想要离开齐国（去实现远大志向），于是在桑树下谋划。养蚕的女奴正好在树上，就把这件事告诉了姜氏。姜氏杀掉了女奴，而对重耳说："您有远大的志向，听到密谋的人我已经杀掉了。"重耳说："没有这回事。"姜氏说："走吧！留恋妻子贪图安逸，实际上是败坏您的名声。"重耳不肯。姜氏便和子犯谋划，将重耳灌醉，然后带他离开。重耳酒醒后（发现自己已经离开了），（气得）拿起长戈追打子犯。

解 析

孟子说："生于忧患，死于安乐。"富足安逸的生活虽好，但沉迷其中，丧失志向，只会导致一辈子碌碌无为，甚至步入落后挨打的局面。子犯和姜氏深知此理，连哄带骗也要将重耳弄出齐国。经过一番磨难，重耳成功回到了晋国，成就了一代霸主的伟业！重耳虽然一时生气，却也明白子犯是为自己好，后来重用了子犯。

公元 1126 年，金人攻陷了北宋首都汴梁，占领了北宋大片国土，甚至还俘虏了两位皇帝。一部分皇室子弟逃到江南，在临安重新建立了朝廷，史称"南宋"。按理说，国土被敌人占领，连皇

帝都被俘虏，这是非常巨大的耻辱，应该立志报仇才对。可是，朝廷的人一到江南，看到这个地区粮食富足、生活安逸，又有长江之险，敌人轻易打不过来，便开始纵情声色、寻欢作乐起来，许多贵族不思进取，最终，南宋被崛起的蒙古族灭掉了。可见，主动脱离安逸环境，做到奋发图强，是多么不容易！

曹共公不礼重耳

及曹，曹共公闻其骈胁❶。欲观其裸❷。浴，薄而观之❸。僖负羁❹之妻曰："吾观晋公子之从者，皆足以相国。若以相，夫子必反其国。反其国，必得志于诸侯。得志于诸侯而诛无礼，曹其首也。子盍蚤自贰焉❺。"乃馈盘飧，置璧焉❻……

二十八年春，晋侯将伐曹……

三月丙午，入曹。数之❼以其不用僖负羁，而乘轩者❽三百人也。且曰献状❾。令无入僖负羁之宫而免其族，报施也❿。

注释

❶ 骈胁（pián xié）：骈，两马并驾，引申为并列等意；胁，腋下到肋骨部位。骈胁是肋骨紧密相连如同一块，这是一种生理畸形，古人称作异象。

❷ 裸（luǒ）：裸体。

❸ 薄而观之：薄，逼近，这里是指靠近帘幕偷看。

❹ 僖负羁（xī fù jī）：人名，春秋时期曹国大夫。

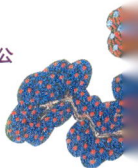

❺ 子盍（hé）蚤（zǎo）自贰（èr）焉：盍，何不；蚤，通"早"；贰，表示不一致、不统一；自贰，自别于人，表示自己和别人不一样。

❻ 馈（kuì）：赠送。 盘飧（pán sūn）：盘子盛的食物。 置璧：放置了一块玉璧。

❼ 数（shǔ）之：数落、责备。

❽ 不用：不任用。 乘轩者：轩是古代一种马车，一般是做官的人乘坐，乘轩者指代做官的人。

❾ 献状：指当年偷看裸体之罪。

❿ 报施：报答。

译 文

（重耳落难逃亡）到曹国，曹共公听说重耳的肋骨连成一片，想要偷看他的裸体。（曹共公）在重耳洗澡时，逼近很薄的帷幔去观看（这对贵族公子重耳来说是一种侮辱）。（曹国大夫）僖负羁的妻子说："我看晋公子的跟随者，能力都足以担任相国。如果用他们做辅助，重耳必定能返回晋国。他一返回晋国，就会在诸侯中称霸。等他得志的那天，肯定会报复对他无礼的人，曹国会排在第一个。你为什么不早点向他表示你的不同态度呢？"于是，僖负羁赠送给重耳一盘食物，并放置了一块玉璧（以表达交好之意）……

鲁僖公二十八年的春天，当上了晋侯的重耳将要讨伐曹国……

三月初八，晋军攻入曹国。重耳谴责曹共公，因为曹共公任用了三百多名官员却没有任用僖负羁，并且说："还有观看裸体之罪。"

与此同时，重耳命令军士不要侵扰僖负羁的家，且赦免僖负羁的族人，这是在报答他当年的恩德。

解析

对于正落难的人，我们不应该轻视和怠慢，而要给予适当的尊重和帮助。这种雪中送炭的行为，会让受助者铭记一辈子。相反，随意对他人进行奚落和嘲笑，则会被他人记恨一辈子，最终会自食其果。尊重他人就是尊重自己！

有一次，宋国和鲁国开战。宋国有一名勇士叫南宫长万，他人高马大，勇猛无比，却在对战中被鲁国人一箭射中，被活捉了过去。后来，宋国与鲁国和好，鲁国人就放回了南宫长万。宋闵公看不起南宫长万，他不顾南宫长万的自尊，说："我以前很敬重你的，现在你当了鲁国的囚犯，所以我不敬重你了。"南宫长万听了非常愤恨，一怒之下杀死了宋闵公。

秦汉时的张良遇到此类事反应则不同。有一天他在桥上散步，碰到一个衣裳破旧的老头，老头故意把鞋子扔到桥下，不客气地对张良说："小子，下去帮我捡鞋子！"张良猛然一惊，想揍这个老头，但一看他年纪大，秉着"尊老爱幼"的心，去帮老头把鞋子捡了上来。老头却得寸进尺，还要张良替他穿鞋，张良只好跪下来给老头穿鞋。

老头穿着鞋，满意地离开了。走了不到一里远，老头又返回来

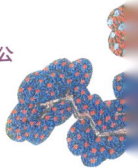

对张良说:"你这孩子可以培养,五天之后天亮时分你来桥上等我。"五天之后,张良到了桥上,却发现老头已经先到了,老头批评他说:"你和年长者约了时间,怎么能迟到呢?五天之后,你再来等我。"第二次张良又比老头晚到,老头批评他后让他再过五天来等他。第三次,张良吸取教训,大半夜就去了,老头很高兴,送给张良一部书,名叫《太公兵法》。张良得到这本书后,认真研读,学会了"运筹帷幄,决胜千里"的本领,最终青史留名。后来,张良拾履的故事也被传为佳话。若不是因为尊重他人,张良恐怕就和这部兵书无缘了。

退避三舍

　　及楚，楚子飨①之，曰："公子若反晋国，则何以报不谷？"对曰："子女②玉帛，则君有之，羽毛齿革，则君地生焉。其波及晋国者，君之馀也，其何以报君？"曰："虽然，何以报我？"对曰："若以君之灵，得反晋国，晋、楚治兵，遇于中原，其辟君三舍③。若不获命，其左执鞭弭、右属櫜鞬④，以与君周旋⑤。"

　　……晋师退。军吏曰："以君辟臣，辱也。且楚师老⑥矣，何故退？"子犯曰："师直为壮，曲⑦为老。岂在久乎？微楚之惠不及此，退三舍辟之，所以报也。背惠食言，以亢其仇，我曲楚直。其众素饱⑧，不可谓老。我退而楚还，我将何求？若其不还，君退臣犯，曲在彼矣。"退三舍。

注 释

❶ 飨（xiǎng）：用酒食款待人。

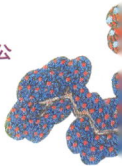

❷ 子女：这里指男女奴隶。

❸ 三舍（shè）：古代行军时，三十里为一舍，三舍即九十里。

❹ 鞭弭（biān mǐ）：马鞭和弓形器。弓形器是一种控制缰绳的器具，以便驭手腾出右手战斗。

❺ 櫜鞬（gāo jiān）：盛弓矢的器具。

❻ 周旋：和敌人较量，看情况来决定进退。

❼ 曲（qū）：理不直、理屈。

❽ 素饱：素，平素、一向；饱，士气饱满。

译文

（重耳逃亡）到了楚国，楚成王招待他，并问："公子您如果返回了晋国，将拿什么来报答我呢？"重耳说："男女奴隶、玉帛您已经有了，鸟羽、皮毛、象牙、犀革都是您土地上生产的，那些运送到晋国去的，都是您剩余的东西了，我拿什么报答您呢？"楚成王说："虽然是这样，但你究竟能拿出什么报答我？"重耳说："如果托您的福，我能够返回晋国，将来晋、楚两国交兵，在中原相遇，我后退九十里让着您。如果还得不到您的宽宥，我只能左手拿着长鞭，控驭着缰绳，右手挂着箭袋，和您较量一下了。"

……（后来重耳当了晋国国君，和楚国开战。）晋国军队撤退。晋国军官说："以国君的身份来躲避（楚国的）臣下，这是耻辱。况且楚军已经疲惫不堪了，为什么要退走？"子犯回答："出兵有理就气壮，无理就气衰，哪在出兵时间长短呢？如果没有楚国的恩惠，我们就没有今天，撤退九十里避开他们，这是回报。背弃恩惠，说话不算话，去保护他们的仇敌，这是我们理屈而楚国理直。他们士气一向饱满，不能说是疲惫了。如果我撤退，楚军也撤兵回去，我还要求什么？如果楚军不撤兵，国君撤退而臣子进犯，那就是他们理屈了。"于是后退了九十里。（楚军继续追击，最后被晋国打败。）

解析

《道德经》上说："轻诺必寡信。"一个人如果经常轻易许诺别人，他肯定很少能遵守信用。既然说出去的话要算数，那么在许诺的时候，就不要随意夸下海口，做不到的事情不要随意应承。

重耳虽然受到楚成王的帮助，却没有满口巴结楚王，他不卑不亢地答应了自己能做到的报答，而不敢拿国家利益做交换，因此不会失信于人。

重耳有一个弟弟叫夷吾，也是逃亡在外，夷吾比重耳先回国当了国君。当初，夷吾为了获取秦国的帮助，不惜出卖国家土地，满口答应将晋国河西的土地送给秦国，秦国才出兵帮助夷吾回晋国继位。谁知夷吾回国后，立刻背弃了诺言，不割让土地给秦国，秦晋因此产生了矛盾。后来，夷吾又几次三番得罪秦国，最终被秦国人活捉了过去。

重耳回国继位后，对"信"仍然非常重视。有一次，他派兵包

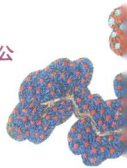

围了原地，原地的百姓无力抵抗，却固守城门不投降。重耳下了一道命令，让晋国军队只准备三天的粮食，三天后他们还不投降，晋国就撤兵。三天后，仍然没有攻下原地，有部将对重耳说："他们马上就要投降了，我请求再多等一会儿。"重耳说："信用是一个国家的宝贝，百姓靠它来庇护。如果得到原地，而失去信用，我拿什么来庇护百姓？这样我所损失的会更多。"于是下令退兵三十里，原地的人看到重耳说话算数，就投降了。

寺人披见文公

寺人披❶请见，公使让❷之，且辞❸焉，曰："蒲城之役❹，君命一宿，女❺即至。其后余从狄君以田渭滨，女为惠公来求杀余，命女三宿，女中宿至。虽有君命，何其速也。夫袪❻犹在，女其行乎。"对曰："臣谓君之入也，其知之矣。若犹未也，又将及难。君命无二，古之制也。除君之恶，唯力是视。蒲人、狄人，余何有焉。今君即位，其无蒲、狄乎？齐桓公置射钩❼而使管仲相，君若易之，何辱命焉？行者甚众，岂唯刑臣❽。"公见之，以难❾告。

注释

❶ 寺人披：寺人是内官，即后来的宦官；披是他的名字。寺人披以前是晋献公和晋惠公的手下，曾两次追杀重耳。

❷ 让：责备、斥责。

❸ 辞：推辞。

❹ 蒲城之役：晋献公想立儿子奚齐为继承人，派人去抓捕重耳等公子。当时重耳在蒲城，寺人披被派去攻打蒲城。

❺ 女（rǔ）：你。

❻ 祛（qū）：衣袖。

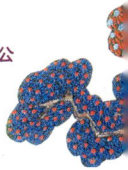

❼ 射钩：管仲曾经去射杀齐桓公，只射中了齐桓公的衣钩。后来齐桓公继承国君之位，原谅了管仲，并任用管仲为相国。

❽ 刑臣：受过宫刑的小臣。

❾ 难（nàn）：灾难、祸难，这里指国内有人谋反之事。

译 文

　　（重耳当上国君后，国内有人谋反。）寺人披请求觐见，重耳（因为寺人披曾在蒲、狄两处追杀过自己）派人责备寺人披，并推辞不见，重耳说："当初蒲城那一次战役，国君（命令你来杀我）让你一个晚上就要到达，而你却立刻就过去杀我了。之后我和狄国君主在渭水河畔打猎，你奉了晋惠公的命令来杀我，让你三个晚上到达，你却第二天就到了。虽说是有国君的命令，但你怎么就去得那么快呢？那只被你砍断的袖子还在，你还是走吧！"寺人披回答："下臣以为您回了晋国，应该是知道祸难的了。如果还不知道，那您将又一次遭遇祸难。面对国君的命令不能有二心，这是古时候就有的制度。除掉国君厌恶的人，只看我有多大力就出多大力罢了。您当时是蒲人还是狄人，对我来说能算什么呢？现在您继承了国君之位，难道就不会遭遇蒲、狄那样的祸难了吗？当年齐桓公抛下射钩的恩怨任用了管仲，您如果要改变齐桓公的做法，又何必需要您下命令让我走，离开您的人应该会有很多的，难道只是我一个受过宫刑的小臣。"重耳于是见了寺人披，寺人披就把将要发生的祸难告诉了重耳。

解析

胸襟开阔是领导者所必备的品质。身为领导而不懂宽容，只会让手下离心离德。寺人披曾经两次追杀重耳，可以说是积怨颇深，但重耳继位后，选择了原谅寺人披，因此也从寺人披的口中知道了国内有人谋反的消息，得以逃过一劫。假如重耳不宽恕寺人披，可能就会死于叛军之手了。

东汉末年，有一个反面例子。当时西凉军首领董卓把持朝政，肆意妄为，百姓苦不堪言。王允等大臣利用计谋，策反了董卓手下的猛将吕布，从而成功杀掉了董卓。董卓死后，西凉军群龙无首，打算投降，王允却在西凉军的处置上犹豫不决，没有明确提出要赦免西凉军士。

当时有一个叫蔡邕的人，曾经受过董卓的赏识，在董卓死后，蔡邕叹息一声。王允知道后，立刻派人抓捕了蔡邕，导致蔡邕在狱中冤死。这件事传到西凉军中，引起西凉军的恐慌。他们认为，王允不能容忍西凉军士，必定要对西凉军士赶尽杀绝了。与其坐以待毙，不如一战。西凉军士再次集中起来，攻入都城，杀死了王允。

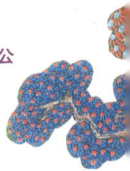

介之推不言禄

晋侯赏从亡者，介之推❶不言禄，禄亦弗及。推曰："献公之子九人，唯君在矣。惠、怀❷无亲，外内弃之。天未绝晋，必将有主。主晋祀❸者，非君而谁？天实置之，而二三子以为己力，不亦诬❹乎？窃人之财，犹谓之盗，况贪天之功以为己力乎？下义其罪，上赏其奸，上下相蒙，难与处矣！"其母曰："盍亦求之，以死谁怼❺？"对曰："尤❻而效之，罪又甚焉，且出怨言，不食其食。"其母曰："亦使知之若何？"对曰："言，身之文也。身将隐，焉用文之？是求显也。"其母曰："能如是乎？与女偕隐。"遂隐而死。晋侯求之，不获，以绵上为之田，曰："以志吾过，且旌❼善人。"

注 释

❶ 介之推：也作介子推，春秋时晋国人，曾跟随重耳流亡，传说他在重耳没有食物吃的时候，竟割下自己大腿的肉煮给重耳吃。

❷ 惠、怀：晋惠公，重耳的弟弟；晋怀公，重耳的侄子。

❸ 祀（sì）：祭祀祖先，一般由继承人主持祭祀，此处指继承国君之位。

❹ 诬（wū）：欺骗。

❺ 盍（hé）：何不。 怼（duì）：怨恨。

❻ 尤：过失、错误。

❼ 旌（jīng）：表扬。

译 文

　　晋文公继位后，封赏跟随他一起逃亡的手下，只有介之推没有来要俸禄地位，所以禄位也没有分给介之推。 介之推说："晋献公有九个儿子，现在只有文公一个人活着了。 惠公、怀公背弃亲人，所以国内外的人也背弃他们。 上天没有灭

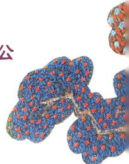

绝晋国，必定会有一位国君继位。主持晋国祭祀的国君，除了文公还能有谁？这实际上是上天安排的，而那些人却认为是自己的功劳，这不是欺骗吗？偷窃他人的财物，尚且称之为盗贼，何况是将上天的功劳归结为自己的力量？下面的人将贪功之罪看成是合理的，上面的人又赏赐了这种奸诈之人，上下互相蒙骗，我难以和他们相处！"介之推的母亲说："你何不也去求赏赐，就这样死了又能怨谁？"介之推说："明知是错误而去效仿，这罪过又更大了，而且我口出怨言，不能吃他的俸禄了。"母亲说："那也让国君知道如何？"介之推说："言语是身体的文饰。身体将要归隐了，哪里用得着文饰呢？那是在求显露罢了。"他母亲说："你能这样吗？我和你一起隐居起来吧。"于是就隐居至死。晋文公寻找介之推，没有找到，便将绵山上的田地封给他，说："以此来记录我的过失，并且表扬好人。"

解析

相传介之推背着母亲躲进深山后，晋文公四处找不到他，就放火烧山，想逼介之推出来。谁知介之推宁可烧死在山中，也绝不出来。晋文公感到非常痛惜和后悔，就下了一道命令：以后每年在介之推死的那天，全国都不准点火，以此纪念介之推。相传这是古代寒食节的由来之一。

俗话说："无功不受禄。"有时即使自己有功劳，也不能主动邀功。一个人的功劳，大家都看在眼里，一旦说出口邀功，就变了味道。当然,这并不是说自己劳心耗力的成果,最终要让给别人。如何适当地展示自己的功劳,又不叫人讨厌,这是有技巧的。

秦朝末年,刘邦的手下韩信屡建战功,他在北方平定了赵国、齐国,拥兵十万,便开始居功自傲起来。韩信认为自己现有的地位不足以嘉奖自己的功劳,便派出使者送信给刘邦,说:"齐国虽然平定了,但齐国人反复无常,容易产生祸乱,况且又挨着项羽的楚国,您如果不封我为代理齐王,让我在这里镇守,这边的局势怕是没法安定。"

刘邦看完信后非常生气,毕竟领导最不喜欢下属的要挟,刘邦本想处置韩信,但碍于形势,没有当场发作,他忍着气封韩信为齐王,让他出兵帮忙打项羽。等到刘邦得了天下,立刻就下令削了韩信的权力,并将韩信拘禁在长安。这就是一个邀功不当的例子。

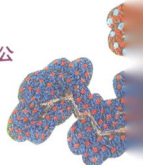

展喜犒师

齐侯❶未入竟❷，展喜❸从之，曰："寡君闻君亲举玉趾❹，将辱于敝邑，使下臣犒执事。"齐侯曰："鲁人恐乎？"对曰："小人❺恐矣，君子则否。"齐侯曰："室如县罄❻，野无青草，何恃❼而不恐？"对曰："恃先王之命。昔周公、大公股肱周室❽，夹辅成王❾。成王劳之而赐之盟❿，曰：'世世子孙，无相害⓫也。'载在盟府⓬，大师职之⓭。桓公是以纠合诸侯而谋其不协⓮，弥缝其阙⓯而匡救其灾，昭旧职⓰也。及君即位，诸侯之望⓱曰：'其率桓之功。'⓲我敝邑用不敢保聚⓳，曰：'岂其嗣世⓴九年而弃命废职，其若先君何？'君必不然。恃此以不恐。"齐侯乃还。

注释

❶ 齐侯：齐国国君，这里指齐孝公，是一代霸主齐桓公的儿子。

❷ 未入竟：未入鲁国之境。竟，边境，疆界，后作"境"。

❸ 展喜：春秋时鲁国大夫。

❹ 玉趾（zhǐ）：敬词，犹言尊贵的脚。此类敬辞还有"玉貌""玉体""玉

言"等。亲举玉趾，即亲劳大驾。

⑤ 小人：指平民百姓。

⑥ 县（xuán）罄：县，"悬"的古字，悬挂；罄，通"磬"，古代的一种乐器，为一排悬挂在架子上的三角石条，敲击之下，清脆悦耳。这里喻指情势危急，如悬挂磬石。

⑦ 恃：依靠。

⑧ 大公：齐国的始祖姜子牙，又称姜太公。股肱：大腿与胳膊。这里是辅佐的意思。周室：即周王室。

⑨ 夹辅，在左右辅佐。成王：即周成王，武王之子，年幼时由叔父周公旦摄政。

⑩ 赐之盟：赐给他们盟约。

⑪ 无相害：不要互相侵害。

⑫ 盟府，古时保管盟约文书的官府。

⑬ 大师：周初，齐太公为太师，兼主司盟之官。职：掌管。

⑭ 纠合：集合，汇聚。谋其不协：图谋征伐那些不和的诸侯。

⑮ 弥缝：缝合，补救。

⑯ 旧职：指太公旧有的职责。

⑰ 望：盼望。

⑱ 其：表希望语气的助词。率：遵循，遵行。桓：指齐桓公。

⑲ 用：因此。保聚：保城聚众。

⑳ 嗣世：即位，指继承齐桓公之位。弃命：丢掉先王之命。废职：废弃太公旧有的职责。

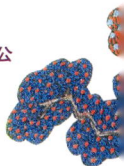

译文

　　（齐孝公继位后，带兵攻打鲁国。）齐孝公还没进入鲁国边境，（鲁国的）展喜去见他，说："我们国君听说您亲抬贵脚，将要光临我国，派我来犒劳您的左右侍从。"齐孝公问："鲁国人害怕了吗？"展喜回答："平民百姓害怕了，但君子不怕。"齐孝公说："你们的房子就像悬挂起来的磬一样空洞贫乏，野外连青草都没有，凭借什么而不害怕？"展喜说："凭借先王的命令。以前（鲁国祖先）周公、（齐国祖先）太公都是周王室的得力重臣，左右协助周成王。成王慰劳他们并赐给他们盟约，盟约上说：'世世代代的子孙，不要互相伤害。'这盟约记载在盟府中，由太史掌管。齐桓公因此聚集诸侯解决纠纷，弥补过失而救援灾难，这是为了发扬过去的职责。等您继位之后，诸侯都盼望说：'他会继承齐桓公的功业吧！'我们国家因此不敢聚集民众来保卫国家，大家说：'难道他继位九年就背弃了先君的命令和职责吗，他把先君置于何地呢？'君子认为您肯定不会这样做，凭着这个所以不害怕。"齐孝公于是率兵回去了。

解析

　　口才好的前提，是要认得清利弊。面对强大的齐军，展喜不卑不亢，每句话都说得大义凛然，却又委婉动听。展喜看透了齐孝公的虚荣心，知道齐孝公更在意名誉，因此就拿名誉说事，让齐孝公听起来很受用，既不能发火，也没有进军的理由，不可谓不聪明！

历史上，因为太过自我，说话行文间得罪他人的例子也有许多。唐代诗人刘禹锡因为政治斗争被贬官到外地。十年后，他被召回京城，本可以时来运转，他却写了一首诗，其中有一句"玄都观里桃千树，尽是刘郎去后栽"暗示朝廷新贵就像桃花树一样，是"刘郎"离开长安之后才靠着阿谀奉承爬上高位的，这直接触怒了当时新上任的宰相，导致刘禹锡又被贬官到外地。新皇帝继位后，又把刘禹锡召了回来，然而他回来后又写了一句诗："种桃道士归何处，前度刘郎今又来。"结果又得罪了人，再次被贬出京城。可见，会说话有多么重要！

其实，展喜能成功说服齐孝公退兵，根源还在于齐孝公是讲理的，假如碰上一个不讲理，不看重名誉，一心只想吞并土地的诸侯，又该怎么办呢？请参考下一篇故事——《烛之武退秦师》。

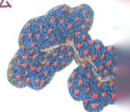

烛之武退秦师

九月甲午❶，晋侯、秦伯❷围郑，以其无礼于晋❸，且贰于楚❹也。晋军函陵❺，秦军氾南❻。佚之狐❼言于郑伯曰："国危矣，若使烛之武❽见秦君，师必退。"公从之。辞曰："臣之壮也，犹不如人，今老矣，无能为也已。"公曰："吾不能早用子，今急而求子，是寡人之过也。然❾郑亡，子亦有不利焉。"许之，夜缒❿而出，见秦伯，曰："秦、晋围郑，郑既知亡矣。若亡郑而有益于君，敢以烦执事⓫。越国⓬以鄙远，君知其难也，焉用亡郑以陪邻⓭。邻之厚⓮，君之薄也。若舍郑以为东道主⓯，行李⓰之往来，共其乏困⓱，君亦无所害。且君尝为晋君赐矣⓲，许君焦、瑕⓳，朝济而夕设版⓴焉，君之所知也。夫晋何厌之有㉑？既东封郑㉒，又欲肆其西封㉓，不阙㉔秦，将焉取之？阙秦以利晋，惟君图之㉕。"秦伯说㉖，与郑人盟㉗，使杞子、逢孙、杨孙戍㉘之，乃还。

❶ 九月甲午：甲午，是古代的干支记日法，具体日期已无考，有一种说法
为初十。九月初十。

❷ 晋侯、秦伯：晋文公、秦穆公。

❸ 无礼于晋：曾对晋文公无礼。晋文公流亡经过郑国时，郑文公没有礼
遇他。

❹ 贰于楚：对晋国有二心而亲近楚国。

❺ 函陵：郑国地名，在今河南新郑县北。

❻ 氾（fàn）南：即氾水之南，在今河南中牟县南。

❼ 佚（yì）之狐：郑国大夫。

❽ 烛之武：郑国大夫。之，介于姓名之间的助词，如，佚之狐，介之推。

❾ 然：然而。

❿ 缒（zhuì）：用绳子吊着烛之武，从城头上放下，出了郑国都城。

⓫ 敢以烦执事：这里是极为谦恭的说法。意即敢用灭亡郑国这件事烦劳您
前来动兵。

⓬ 越国：跨越别的国家，这里指紧邻的晋国。

⓭ 陪邻：增加邻国的国土。陪，增益，增加。

⓮ 厚：实力雄厚。

⓯ 舍郑：保全郑国。东道主：把郑国作为秦国在东方道路上用以招待自己
使者的主人。后来"东道主"便成了"主人"的代名词。

⓰ 行李往来：使者往来。行李，使者。

⓱ 共其乏困：共，通"供"，供给；乏困，不足，这里是指馆舍有困难、
资粮缺乏等情况。共其乏困，供给他们缺乏的物资等。

⓲ 为晋君赐：对晋惠公施过恩惠。

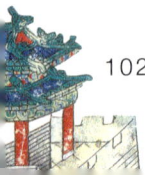

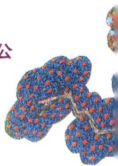

⑲ 焦、瑕：晋国两个邑名，均在今河南陕县附近。

⑳ 朝济：早晨渡过黄河。夕设版：晚上就建筑了防御工事。

㉑ 何厌之有：倒装，"有何厌"，有什么能满足他呢？意即贪得无厌。

㉒ 东封郑：东面以郑国为晋国的疆界。

㉓ 西封，这里是指向西扩张。封，疆域，分界。

㉔ 阙秦：侵占秦国。焉：哪里。

㉕ 图之：好好考虑下这件事。

㉖ 说：通"悦"，高兴。

㉗ 盟：订和约

㉘ 杞（qǐ）子、逢（páng）孙、杨孙：三人都是秦国大夫。戍之：戍守郑国。

译 文

　　九月初十，晋文公、秦穆公包围郑国，因为郑国曾经对晋文公无礼，而且心向着楚国。晋国军队驻扎在函陵，秦国军队驻扎在氾水南面。（郑国大夫）佚之狐对郑文公说："国家危急了，如果派烛之武去面见秦穆公，秦国军队必定会撤退。"郑文公听从了这个建议（让烛之武去说服秦国退兵）。（烛之武）推辞说："我壮年时，尚且不如他人，现在老了，不能有什么作为了。"郑文公说："我不能早点重用您，现在国家危急才来求您，这是我的过失。然而郑国亡了，对您也有不利呀！"烛之武答应了，夜晚郑国人用绳子吊着烛之武从城墙上落下，去见秦穆公，说："秦、晋包围郑国，郑国已经知道自己要灭亡了。如果灭亡了郑国对您有益，那是值得您左右侍从去做的。（秦国和郑国中间隔着晋国）隔着一个国家，以远方的土地作为自己的边城，您是知道其中的困难的，为什么要灭亡郑国来增加您邻国的土地呢？您的邻国实力增强，就是您的实力削弱了。如果放弃攻打郑国，让郑国做您的东边路上待客的主人，您的使者往来，郑国为他提供食宿，这对您也没有什么坏处。况且您曾经给过晋国好处，他许诺给您焦、瑕两邑，但他早上才渡河回国，晚上就开始对您设置防御，这您是知道的。晋国哪里会满足呢？既然在东边得到了郑国，又想要往西开拓疆土，如果不损害秦国，他还能去哪里取得土地？这是损害秦国而有利于晋国的事情，希望您好好考虑。"秦穆公听完很高兴，就和郑国人结盟，还派了杞子、逢孙、杨孙守卫郑国，然后撤军回去了。

解 析

同样是强国进犯，和展喜不同的是，烛之武并没有拿名誉说事。因为秦、晋出兵攻打郑国，本来就找足了借口，郑国是理亏的。

烛之武深知，秦、晋虽然联手，但在利益上却有冲突。秦、晋国土挨着，邻居变强大，就相当于自己变弱小，秦国不会允许晋国强大。如果郑国灭亡，土地必然会被晋国吞并，秦国是得不到的。因此，秦穆公才会被烛之武说动，秦国不仅退了兵，还特意派人去保卫郑国。

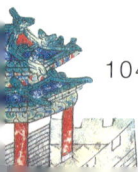

　　烛之武说的每一句话，好像都是在为秦国着想，并没有为郑国求情，却让郑国成功摆脱了危机，这也是一个会说话的人！

　　然而，晋文公死后，秦穆公不用再担心晋国的威胁，他的野心又开始膨胀了。他原本留了几个人为郑国看守城门，后来又觉得可以和这几个人里应外合，一举拿下郑国，因此又派人去攻打郑国，那么，秦穆公能拿下郑国吗？请看后文——《蹇叔哭师》。

蹇叔哭师

冬，晋文公卒❶……杞子自❷郑使告于秦，曰："郑人使我掌其北门之管❸，若潜师❹以来，国可得也。"穆公访诸蹇叔❺，蹇叔曰："劳师以袭远❻，非所闻也❼。师劳力竭，远主备之❽，无乃❾不可乎！师之所为，郑必知之。勤而无所❿，必有悖心⓫。且行千里，其谁不知？"公辞⓬焉。召孟明、西乞、白乙⓭，使出师于东门⓮之外。蹇叔哭之，曰："孟子⓯，吾见师之出而不见其入也。"公使谓之曰："尔何知？中寿⓰，尔墓之木拱⓱矣。"蹇叔之子与师，哭而送之，曰："晋人御师必于殽⓲。殽有二陵⓳焉。其南陵，夏后皋⓴之墓也；其北陵，文王之所辟风雨也。必死是间，余收尔骨㉑焉。"

秦师遂东㉒。

注 释

❶ 卒：死亡。

❷ 自：通过。

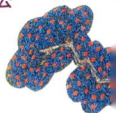

❸ 掌：掌管。 管：管状的锁，此处指钥匙。

❹ 潜师：秘密派遣军队。

❺ 访：咨询，征求意见。 蹇叔：秦国大夫，谋臣。

❻ 劳师以袭远：劳苦军队，远征侵袭。

❼ 非所闻也：不是我听说过的，即我没听说过这样做能成功的。 这里是不赞成的委婉说法。

❽ 远主：远方国家的君主。 这里指郑国君主。 备：防备。

❾ 无乃：恐怕，表示委婉揣测的语气。

❿ 无所：没有所得。

⓫ 悖心：悖逆之心。

⓬ 辞：不听，不接受。

⓭ 孟明、西乞、白乙：三人都是秦国将领。

⓮ 东门：当时秦国首都雍地的东门。

⓯ 孟子：即孟明。

⓰ 中寿：古代把人活到六七十岁，称为中寿。 这里是骂人的话，意为"老不死的"。

⓱ 尔墓之木拱：你坟上的树木早该有两手合抱那么粗了。 拱，两手合抱的径围。 这里也是秦穆公骂蹇叔的话。

⓲ 必于殽（yáo）：一定在殽山。 殽：山名，即崤（xiáo）山，在今河南省洛宁县西北。

⓳ 二陵：两个山头。 都是崤山险要的地域。

⓴ 夏后皋：夏代的君主，名皋，夏桀的祖父。

㉑ 尔骨：你的尸骨。

㉒ 遂东：就向东进发。

译文

冬天，晋文公去世……杞子从郑国派使者告诉秦穆公，说："郑国人让我掌管北门的钥匙，如果您悄悄派军队过来，郑国就可以到手了。"秦穆公便去问蹇叔的意见，蹇叔说："劳动军队远征去袭击远方的国家，这我不曾听说过。军队疲惫力气衰竭，远方的国君却已经有了准备，恐怕不行吧！秦国军队的行动，郑国必定会知道。费力却不讨好，士兵肯定有抵触情绪。况且军队行进一千里，还有谁会不知道？"秦穆公不听意见，召集孟明、西乞、白乙等人，让他们率领军队从东门外出发。蹇叔哭着送行，说："孟明啊，我看得见军队出去，看不见军队回来了！"秦穆公派人对蹇叔说："你知道什么？如果你活到一般年纪就死了，你现在坟墓上的树都已经有两手合抱那么粗了。"蹇叔的儿子也在军队中，蹇叔哭着去送他，说："晋国军队必定在殽山抵御我们。崤山有两个大山头，南边山头是夏后皋的坟墓，北边是文王曾经躲避风雨的地方。你必定死于两座山头之间，我会去那里收你的尸骨。"

解析

秦穆公不听蹇叔的劝告，出师之后，秦军果然中了埋伏，全军覆没，三位主帅也被晋国擒住。俗话说："不听老人言，吃亏在眼前。"年纪大的人，办事经验、生活阅历都很丰富，他们早已看透

了世事，因此往往比年轻人要懂得更多。蹇叔对时局、形势的判断是非常精准的，可惜秦穆公野心膨胀后失去了理智，不听蹇叔的劝告，导致秦军惨败。

好在秦穆公知道认错，他穿着丧服去迎回被晋国俘虏的将士，并将过失全部归到自己身上。从此以后，秦穆公吸取教训，改变了往东扩张的策略，开始往西边扩张，逐步开辟了千余里国土，获得周天子的认可，于是称霸西戎，实现了自己的人生理想。秦国从一个不起眼的小国，晋升为大国行列，为日后秦国统一中原奠定了基础。犯错并不可怕，知错能改一样会成功。

弦高犒师

及滑 ①，郑商人弦高②将市③于周，遇之。以乘韦④先，牛十二犒师，曰："寡君闻吾子将步师出于敝邑，敢犒从者，不腆敝邑⑤，为从者之淹⑥，居则具一日之积，行则备一夕之卫。"且使遽⑦告于郑。

……孟明曰："郑有备矣，不可冀⑧也。攻之不克，围之不继，吾其还也。"

注 释

❶ 滑：春秋时国名。

❷ 弦高：春秋时郑国商人。

❸ 市：做生意、买卖。

❹ 乘（shèng）韦：四张熟牛皮。古代送礼物，先送轻礼作为引子，然后再送重礼。古代称四为"乘"；"韦"是皮革。

❺ 不腆（tiǎn）敝邑：不富裕的偏僻小国。腆，丰厚，不腆即不富裕；敝邑，破败偏僻地方，这是对自己国家的谦称。

❻ 淹：久留、迟延、耽搁。

❼ 遽（jù）：原意是驿车，引申为急忙、赶快。

❽ 冀：企图，需求。

译文

（秦国想偷袭郑国。）军队走到滑国时，郑国商人弦高将要到周地去做生意，恰好碰到秦国军队。弦高先用四张熟牛皮作为礼物送给秦军，然后又用十二头牛犒劳秦国军队，（骗秦国人）说："我们国君听说您将要带兵经过我国，让我来犒劳您的军队。我们贫穷偏僻的国家，为了您的军队在这里停留，住下就提供一天的供应，离开就准备一夜的守卫。"弦高（稳住秦军后）又派人紧急回郑国报告。

……（秦国大将）孟明说："郑国有准备了，不能抱有希望了。攻打他们又不能取胜，包围他们又没有后援，我们还是回去吧。"

解析

弦高只是一个小小的生意人，却能够随机应变地化解国家危机。他既有智慧，又是忠君爱国的典范。

中国有句话说："天下兴亡，匹夫有责。"不管我们是多么微小的个体，对于国家的兴亡，每个人都有责任。陈毅元帅对儿子说："祖国如有难，汝应作前锋。"湖南才子杨度也有一句诗："若道中华国果亡，除非湖南人尽死。"无不体现了"天下兴亡，匹夫有责"的责任感。

其实，爱国的方式有许多种，不一定要上前线去打仗。历史上爱国英雄无数，比如宁死不降匈奴的苏武、抗倭英雄戚继光、虎门销烟的林则徐、振兴铁路事业的詹天佑、舍身炸碉堡的董存瑞、做好事不留名的雷锋、两弹元勋钱学森、"以笔为刀"的鲁迅……他们虽然来自各行各业，所留下的故事也千差万别，却都是从不同角度去爱国的！

鲁文公

楚商臣弑父

初，楚子将以商臣为大子 **1**，访诸令尹子上 **2**。子上曰："君之齿未也 **3**。而又多爱 **4**，黜 **5** 乃乱也。楚国之举 **6**，恒在少者 **7**。且是人 **8** 也，蜂目而豺声 **9**，忍人 **10** 也，不可立也。"弗听 **11**。既又欲立王子职 **12** 而黜大子商臣。商臣闻之而未察 **13**，告其师潘崇 **14** 曰："若之何而察之？"潘崇曰："享江芈而勿敬 **15** 也。"从之。江芈怒曰："呼，役夫 **16**！宜君王之欲杀女而立职也。"告潘崇曰："信矣 **17**。"潘崇曰："能事 **18** 诸乎？"曰："不能。""能行 **19** 乎？"曰："不能。""能行大事 **20** 乎？"曰："能。"

冬十月，以宫甲 **21** 围成王。王请食熊蹯 **22** 而死。弗听。丁未，王缢 **23**。

注 释

1 楚子：这里指楚成王。商臣：楚成王的长子。大（tài）子：太子。

2 令尹子上：令尹，春秋时楚国的执政官，相当于宰相。子上，名斗勃，又称楚子上。

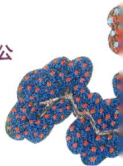

❸ 齿未也：年齿，年龄。未，即年纪未老。

❹ 爱：宠爱。

❺ 黜：废除，这里是立了大儿子为太子，再废除。

❻ 举：立，这里指立太子。

❼ 恒在少者：常立小儿子。

❽ 是人：这个人，指商臣。

❾ 蜂目豺声：黄蜂似的眼睛，豺狼般的声音。形容商臣的凶狠。

❿ 忍人：残忍凶狠的人。

⓫ 弗听：不听。

⓬ 王子职：楚成王的庶子，商臣的异母弟弟。

⓭ 察：了解具体情况。

⓮ 潘崇：楚国大夫，商臣的老师。

⓯ 享：宴飨，用酒食款待人。江芈（mǐ）：楚成王的妹妹，商臣的姑母，嫁到江国，故称"江芈"，芈，为楚姓。勿敬：不恭敬，怠慢。

⓰ 呼：怒斥声，相当于现代口语中的"呸"。役夫：奴才，骂人的话。

⓱ 信矣：情况属实了。

⓲ 事：侍奉。

⓳ 行：出行，这里指逃亡外国。

⓴ 大事：这里指弑父夺位，自立为国君。

㉑ 宫甲：太子宫中的卫兵。

㉒ 熊蹯（fán）：熊掌，是一种难熟的食物。楚成王想借吃熊掌的机会拖延时间，以待外援。

㉓ 丁未：十月十八日。缢：勒死或上吊而死。

译文

一开始，楚成王想立商臣做太子，去询问楚国令尹子上的意见。子上说："您的年纪还不大，还有很多宠爱的姬妾，如果立了太子以后再废去会发生祸乱。楚国选择太子，常常是立年纪小的公子。况且商臣这个人，眼睛像黄蜂，声音像豺狼，是一个残忍的人，不能立为太子。"楚成王不听。（立了商臣为太子后）楚成王又想立王子职为太子而废掉商臣。商臣听说了这事，但又没法证实，便告诉他的老师潘崇并问："怎么才能证实这件事呢？"潘崇说："你去宴请（成王的妹妹）江芈，但不要尊敬她。"商臣照做了。江芈果然发怒说："哎呀，你这奴才！难怪君王要杀你而立王子职为太子呢！"商臣告诉潘崇说："消息确定了。"潘崇说："你能去侍奉王子职吗？"商臣说："不能。""你能远逃他国吗？"商臣说："不能。""能办大事吗？"商臣说："能。"

冬季十月，商臣率领宫中甲兵包围了成王。成王请求吃了熊掌之后再死。商臣不允。十八日，成王上吊而死。

解析

决定大事时，一定要深思熟虑，然后再付诸行动。轻易颁布命令，却又朝令夕改，是最容易出乱子的。楚成王不听子上的劝告，立了商臣为太子，调动了商臣的欲望，再要控制就难了。

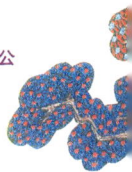

无独有偶，晋国大臣赵盾也犯了同样的错误。

晋襄公死前，下令让太子夷皋继承国君之位。赵盾等执政大臣却认为夷皋年纪太小，在晋国关键时期应该立一位年纪大的人当国君。赵盾看中了远在秦国的公子雍，便派人去迎接公子雍回国继位。秦国也非常乐意，派人护送公子雍回国。

谁知夷皋的母亲半路杀出，哭闹不止。赵盾没法，只能改变主意，一面立夷皋为新君，一面派人阻止秦国人过来。秦国不知道赵盾变卦，在护送公子雍回晋国时，遭到了晋国的攻击。

本来是两国交好的事情，最后赵盾却把秦国耍了一顿，秦国哪里肯忍下这口气，从此秦、晋关系彻底恶化。秦国转头就与楚国联盟，让晋国孤立无援，腹背受敌。可见要做到说话算话，就得在说的时候保持谨慎呀！

狼瞫之勇

战之明日❶，晋襄公缚秦囚，使莱驹以戈斩之。囚呼，莱驹失戈❷，狼瞫❸取戈以斩囚，禽之以从公乘❹，遂以为右❺。箕之役❻，先轸黜之而立续简伯❼。狼瞫怒。其友曰："盍死之❽？"瞫曰："吾未获死所❾。"其友曰："吾与女为难❿。"瞫曰："《周志》⓫有之：'勇则害上，不登于明堂⓬。'死而不义，非勇也。共用⓭之谓勇。吾以勇求右⓮，无勇而黜，亦其所也。谓上不我知⓯，黜而宜，乃知我矣。子姑待之。"及彭衙⓰，既陈，以其属驰秦⓱师，死焉。晋师从之，大败秦师。君子谓："狼瞫于是乎⓲君子……怒不作乱而以从师，可谓君子矣。"

注 释

❶ 战之明日：作战的第二天。

❷ 莱驹：晋襄公的车右，即站在车夫右边负责进攻的士兵。失戈：戈掉在地上。

❸ 狼瞫（shěn）：晋国勇士。

❹ 禽之：禽，捕捉，捉住，后作"擒"；之，指莱驹。从公乘：追赶晋襄

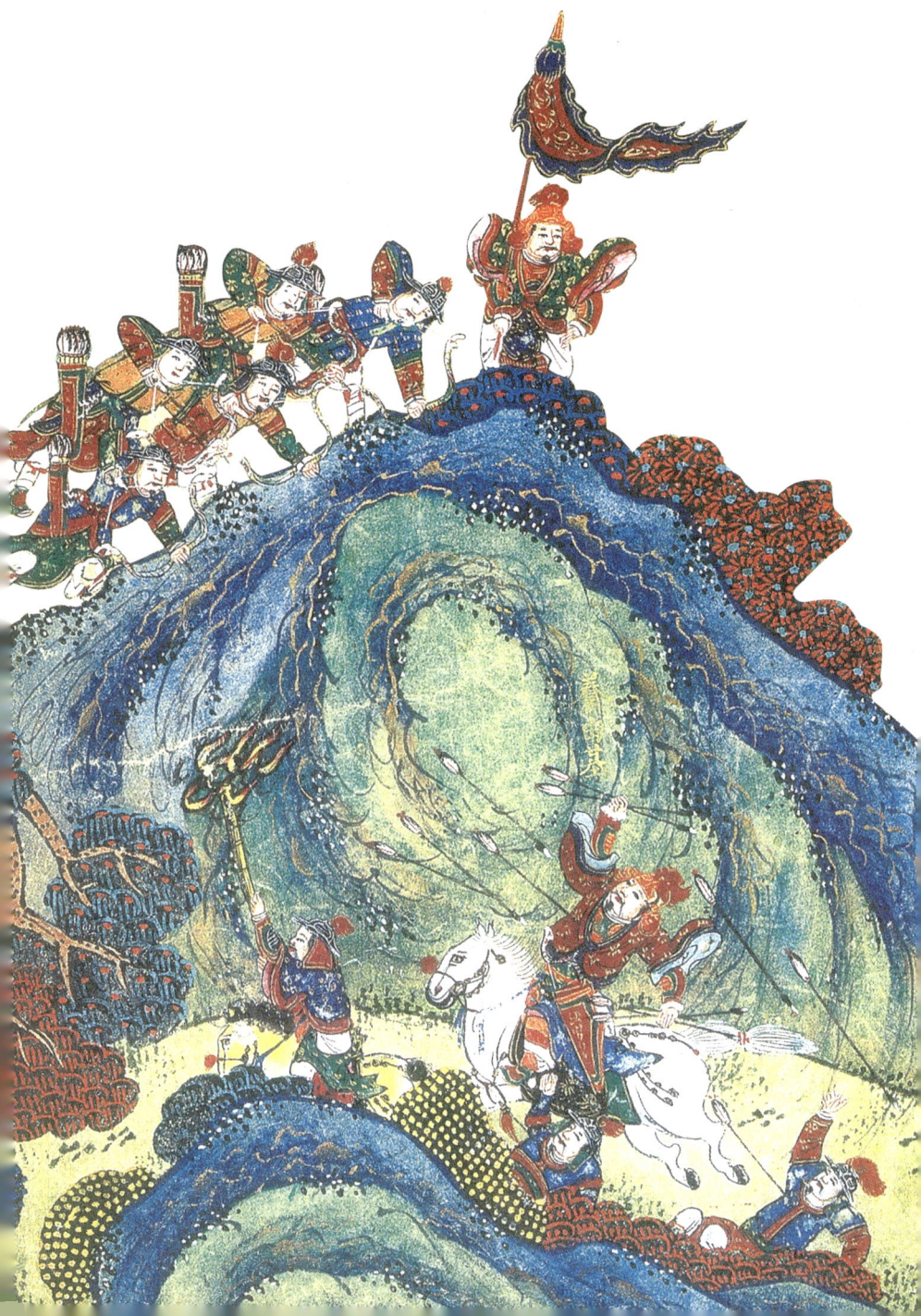

公的战车。

⑤ 以为右：省略句，即"以之为右"，指让狼瞫做车右。

⑥ 箕（jī）之役：发生在鲁僖公三十三年的一场战争。

⑦ 先轸（zhěn）：晋国大臣，谋士。黜：贬斥，撤职。续简伯：晋国大夫，因领地在续，故称。

⑧ 盍死之：盍，何不；死，自杀。无故被人替换掉车右的职务，这在当时是一种极大的侮辱，故而狼瞫的友人有此一问。

⑨ 未获死所：没有找到死的地方。

⑩ 为难：发难，这里指杀掉先轸。

⑪ 《周志》：即《尚书》中的《周书》。

⑫ 害上：杀害身居上位的人。不登明堂：明堂，即太庙行礼处。意谓死后牌位不能进入太庙。

⑬ 共用：为国家所用，即为国而死。

⑭ 以勇求右：凭勇敢得到了车右的职位。

⑮ 不我知：即"不知我"，不了解我。黜而宜：撤职撤得恰当。

⑯ 彭衙（yá）：地名，这里指晋国与秦国在这里发生的一场大战。

⑰ 既陈：已经摆开阵势。以其属驰：率领他的部下，驾车冲入敌阵。

⑱ 于是乎：在这件事上。君子，此处指算得上君子。

译 文

作战的第二天，晋襄公绑着秦国的囚犯，让莱驹用长戈斩杀他们。囚犯大喊，吓得莱驹丢掉了长戈，狼瞫捡起长戈斩杀了囚犯，并抓起莱驹跟上晋襄公的马车，晋襄公于是让狼瞫取代莱驹当了车右一职。后来在箕地的战役中，先轸废掉了狼瞫的职位，另立续简伯为车右。狼瞫很生气。他的朋友说："为何不去死？"狼瞫说：

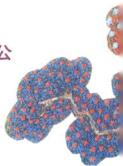

"我没找到死的地方。"朋友说:"我和你一起发难,杀掉先轸。"狼瞫说:"《周志》上说:'勇敢但杀害上官,死后不能进入太庙。'死了却不合道义,不是勇敢。为国家所用才称为勇敢。我因为勇敢才得到了车右一职,又因为不勇敢而被废掉,也是合适的了。虽说上面的人不了解我,但处置我得当,也算是了解我了。你且等着吧!"到了彭衙之战,军队已经摆开阵势,狼瞫率领部下冲进秦军中,力战而死。晋国军队跟着他,打败了秦军。君子说:"狼瞫因为这个行为而算得上是君子了……发怒却不作乱,反而为国作战,可以说是君子了。"

解 析

什么叫"勇敢"?不怕死不一定是勇敢。勇敢是一种正直、理性的信念,敢于做常人不敢做的事情,且结果有利于国家、人民,这才是勇敢。否则便只是逞强斗狠,死不足惜!

《吕氏春秋》记载了一个"割肉相啖"的故事:齐国有两个人经常吹嘘自己的勇敢,一个住在东城,一个住在西城。有一天,这两人面对面碰上了,其中一人说:"来喝酒吗?"于是两人一起喝酒,一人又问:"要吃肉吗?"另一人说:"你就是肉,我也是肉,还要另外找肉干吗?只要准备点豆豉酱就行了!"于是两人抽出刀来,割自己身上的肉吃,为了证明自己的勇敢,谁也不肯喊停,最后流血过多而死。像这样的"勇敢",还不如不勇敢呢!

阳处父华而不实

晋阳处父聘于卫[1]，反过宁[2]，宁嬴[3]从之，及温[4]而还。其妻问之，嬴曰："以刚[5]。《商书》曰：'沉渐刚克，高明柔克[6]。'夫子壹之[7]，其不没乎。天为刚德，犹不干时[8]，况在人乎？且华而不实[9]，怨之所聚也，犯[10]而聚怨，不可以定身。余惧不获其利而离[11]其难，是以去之。"

注 释

① 阳处父：晋国大夫。聘：带着礼品出使。

② 反过宁：反，返回，回到，后作"返"。宁，晋邑，在今河南获嘉县西北。回来时经过宁地。

③ 宁嬴（yíng）：掌管驿站事务的大夫。

④ 温：温山，在今河南修武县北。

⑤ 以刚：因为他太刚猛了。

⑥ 《商书》：所引文为《尚书·洪范》篇。沉渐，即沉潜，指柔和不外露。高明，性格高爽明朗。克：克服，克制。

⑦ 壹之：这里指阳处父性格偏于一端，刚而高明。

⑧ 不干时：不干犯四时顺序。

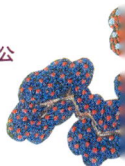

⑨ 华而不实： 开花而不结果，喻言过其行。

⑩ 犯： 指刚强便侵犯人。

⑪ 离： 同"罹"，遭受，逢遇。

译文

晋国大夫阳处父去卫国聘问，回来时经过宁地。宁赢愿意跟着阳处父走，等到了温地，宁赢又离开阳处父。宁赢的妻子问他是什么缘故，宁赢说："他太过刚强了。《商书》说：'深沉的人要用刚强来克服，爽朗的人要用柔弱来克服。'阳处父只占有其一，恐怕不得善终吧！上天虽然属于刚强的德行，尚且不能阻碍四时运行，何况是人呢？况且他长得好看却没有实际本事，这就容易聚集别人的怨恨，触犯别人而聚集怨恨，就不能安定自身。我怕跟着他得不到好处，反而遭受祸难，所以离开了。"

解析

古人认为：过于刚强的人，容易受到外界伤害。老子在《道德经》里说："人之生也柔弱，其死也坚强。"人刚生下来的时候，身体很柔弱，却一天天充满着生机；等到身体变得坚硬僵直，就到了死亡之时。自然界的花草刚发芽时也是柔弱的，变得坚硬僵直时，正是枯萎死亡之时。所以老子认为："兵强则灭，木强则折。"无论是人还是动植物，都不能丢弃"柔弱"的特征。一味刚强好胜，就会给自己招来怨恨，从而导致失败甚至死亡。宁赢选择离开阳处父是对的，因为阳处父后来确实不得善终。

贾季奔狄

贾季❶奔狄❷。宣子❸使臾骈❹送其帑❺。夷之蒐❻，贾季戮❼臾骈，臾骈之人欲尽杀贾氏❽以报焉。臾骈曰："不可。吾闻前志❾有之曰：'敌惠敌怨，不在后嗣❿，忠之道也。'夫子⓫礼于贾季，我以其宠报私怨，无乃不可乎？介⓬人之宠，非勇也。损怨益⓭仇，非知⓮也。以私害公，非忠也。释⓯此三者，何以事夫子？"尽具其帑与其器用财贿，亲帅扞⓰之，送致诸竟⓱。

注 释

❶ 贾季：晋国大夫狐偃的儿子，因为政治斗争逃离晋国。

❷ 奔狄：逃到狄。奔，逃奔；狄，古代北方部族。

❸ 宣子：即赵盾，春秋时晋国卿大夫。宣子为其谥号。

❹ 臾骈（yú pián）：春秋时晋国上军佐，赵盾的手下，与贾季有嫌隙。

❺ 帑（nú）：同孥（nú），妻子儿女。

❻ 夷之蒐（sōu）：晋国在夷地举行的军事阅兵与演习。

❼ 戮：侮辱。

❽ 贾氏：贾季的家人。

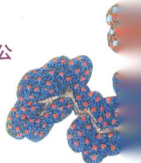

⑨ 前志：前人的著作。

⑩ 后嗣：后代子孙。

⑪ 夫子：这里是尊称赵盾。

⑫ 介：因，凭借。

⑬ 益：增加。

⑭ 知（zhì）：通"智"，智慧、聪明。

⑮ 释：放下。

⑯ 扞（hàn）：护卫。

⑰ 送致诸竟：送到了边境。竟，边境，疆界，后作"境"。

译 文

　　贾季奔逃到狄国。宣子（即赵盾）让臾骈将贾季的家人都送过去。在夷地阅兵时，贾季曾经侮辱过臾骈，臾骈手下的人想要杀光贾季的家人来报仇。臾骈说："不行。我听前志上有句话说：'有恩于人和有仇于人，都和他的后代无关。这符合忠诚的道义。'赵盾他老人家对贾季表达礼遇，我却因为受到赵盾的宠信而去报我的私仇，恐怕是不可以的吧？依靠他人的宠信而报仇，这不是勇敢。为了减轻怨气而增加仇恨，这是不明智的。因为私事而妨碍了公事，这是不忠诚的。舍掉了这三样东西，我拿什么去侍奉赵盾他老人家？"于是将贾季的家人和财物器用都准备齐全，亲自率军护卫，将他们送到了边境。

解析

有个成语叫"罪不及孥"，一个人的罪过再大，也不能算到他妻子儿女的头上去。一人做事一人当，不能胡乱伤及无辜之人，否则会酿成严重的后果。无法找当事人发泄怨气，却去伤害他的亲人以报仇，这实际上是一种懦弱。

西汉时期，李陵奉命出征匈奴，却因为孤军深入而遭遇包围。李陵率领五千步兵和匈奴八万骑兵作战，连战八天八夜，力尽被俘，只能暂时投降。李陵投降只是一时之计，他还想要回汉朝效力。不料汉武帝听信谣言，以为李陵真的投降了匈奴，一怒之下，将李陵的家人全部抓来诛杀。李陵听到这个消息，心痛难忍，从此和汉朝彻底断绝了关系，甚至帮助匈奴打汉朝军队，一直到死都没有回去。

鲁宣公

羊斟以私败国

将战，华元❶杀羊食❷士，其御羊斟❸不与。及战，曰："畴昔❹之羊，子为政，今日之事，我为政。"与入郑师，故败。君子谓羊斟："非人也，以其私憾❺，败国殄民❻。于是刑孰大焉。《诗》所谓'人之无良'者，其羊斟之谓乎，残民以逞❼。"

注释

❶ 华元：春秋时宋国大夫，官至六卿之一。

❷ 食（sì）：拿食物给人吃。

❸ 其御羊斟（zhēn）：其御，他的驭手，即驾车的车夫；羊斟，春秋时宋国人，华元的车夫。

❹ 畴（chóu）昔：往昔、以前。

❺ 私憾：私人怨恨。

❻ 殄（tiǎn）民：使人民遭殃。

❼ 残民以逞（chěng）：残害人民来让自己快意。

译文

（宋国和郑国）将要开战，宋国主帅华元杀羊犒劳士兵，他的车夫羊斟没吃到。等到开战时，羊斟说："过去那羊肉的事，是你

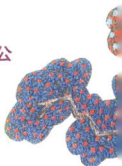

做主，今天打仗的事，是我做主。"就赶着马车跑入郑国军队中，导致宋国打了败仗。君子说羊斟："不是人，因为自己的怨恨，而使国家失败、百姓受害。还有比他应该受到的刑罚更大的吗？《诗》所谓的'人存心不良'，大概就是说羊斟这种人吧，他通过残害百姓来让自己快意。"

解 析

羊斟把一碗羊肉看得比国家还重要，虽然报了私仇，一时快意，最后却没法在宋国立足，只得逃亡他国，还留下了千古骂名。本故事可以和"狼瞫之勇""贾季奔狄"相对照：狼瞫被先轸废掉了职位，心里虽然难受，却并没有因此报复上司。相反，他用为国捐躯的行动证明了自己的勇敢。贾季曾经得罪臾骈，臾骈也没有因此报复贾季的家人，反而亲自护送他们出国，这种明智仁慈之举，受到后人赞叹。

每个人都有自己的性格，与其他人相处总会产生一些摩擦。有自己的情绪不可怕，可怕的是不知道克制。在大是大非面前，不可因为自己的私怨而置国家利益于不顾。人之所以为人，是因为人懂得克制自己的不良行为，否则就和发怒的禽兽没有区别了。

晋灵公不君

晋灵公不君❶：厚敛以彫墙❷；从台上弹人，而观其辟丸❸也；宰夫胹熊蹯❹不熟，杀之，置诸畚❺，使妇人载以过朝❻。赵盾、士季❼见其手，问其故，而患之。将谏❽，士季曰："谏而不入，则莫之继也。会请先，不入则子继之。"三进，及溜❾，而后视之。曰："吾知所过矣，将改之。"……犹不改。宣子骤谏，公患之，使锄麑贼之❿。晨往，寝门辟矣⓫，盛服将朝⓬，尚早，坐而假寐⓭。麑退，叹而言曰："不忘恭敬，民之主也。贼民之主，不忠。弃君之命，不信。有一于此，不如死也。"触槐⓮而死。

注释

❶ 晋灵公不君：晋灵公是晋国第二十六位国君，史上有名的暴君；不君，不合为君之道。

❷ 厚敛以彫墙：厚敛，加重征收赋税；彫墙，指装饰墙壁，这里指修筑豪华宫室。

❸ 辟（bì）丸：躲避弹丸。

❹ 宰夫胹（ér）熊蹯（fán）：宰夫，厨子；胹，煮、炖；熊蹯，熊掌，一种古代美味。

❺ 畚（běn）：筐篓一类盛物的器具。

❻ 朝（cháo）：朝堂。

❼ 赵盾、士季：两人都是晋国大夫。士季，名字是"会"，后文的"会"是他自称。

❽ 谏（jiàn）：规劝国君，使改正错误。

❾ 溜（liù）：屋檐往下滴水的地方。

❿ 使鉏麑（ní）贼之：鉏麑，晋国力士；贼，杀。使鉏麑去杀害他。

⓫ 寝门辟矣：寝门，卧室的门；辟，开着。

⓬ 盛服将朝（cháo）：穿戴好上朝的礼服，将要上朝。

⓭ 假寐（mèi）：闭目养神，俗称"打盹儿"。

⓮ 触槐：以头撞槐树。

译文

晋灵公做事不合国君之道：大肆征收赋税来修建豪华宫室；站在高台上用弹弓打人，以观看别人躲避弹丸的样子；厨帅烹熊掌没煮烂，他就杀了厨师，把尸体放在畚箕里，让女人抬着走过朝堂。赵盾、士季看到露出的死人的手，问其缘故，为晋灵公的无道感到担心。他们想要去规劝国君，士季说："您去进谏而国君不听，则没人能继续劝诫了。请让我先去，国君不听，您再去。"士季来往了三次，到达屋檐下，晋灵公才拿眼睛看他，说："我知道自己的过错了，我会改正的。"……晋灵公还是不改。赵盾屡次进谏，晋灵公很烦，就叫锄麑去杀掉赵盾。锄麑早上去了，看到赵盾卧室的门开着，赵盾穿戴得整整齐齐准备入朝，但因为时间还早，正坐着闭目养神。锄麑退了出来，叹了口气说："这个人平时都不忘记恭敬国君，他正是百姓的主人。杀害百姓的主人，就是不忠。背弃国君的命令，就是不守信用。我有其中一样，还不如死了好。"于是就一头撞在槐树上撞死了。

解析

是非自有公论，公道自在人心。赵盾、士季等人不惧杀身之祸，直言进谏，品行值得钦佩。锄麑虽然只是一名武士，却也懂得是非曲直，他并没有杀掉赵盾去迎合国君，在忠信难两全的情况下，他选择了自杀，以保全自己的清名，也是非常可叹的！

在《封神演义》中，商纣王昏庸无道，敢于劝诫的忠臣被他杀戮殆尽，于是身边只聚集了一批奸臣。他发明各种酷刑，令人发指。最终国破家亡，自己也被烧死在宫中。

听不进他人意见的君主就会亡国。晋灵公虽然没有亡国，最后却因为不得人心，被臣子杀害了。普通人何尝不是如此，听不进他人的建议，一味纵欲和放荡，只会结交到狐朋狗友，最后就会成为人人厌恶的废物。

灵辄报恩

初，宣子田于首山 **❶**，舍于翳桑 **❷**，见灵辄 **❸** 饿，问其病。曰："不食三日矣。"食之，舍其半。问之，曰："宦 **❹** 三年矣，未知母之存否，今近焉，请以遗 **❺** 之。"使尽之，而为之箪食 **❻** 与肉，置诸橐 **❼** 以与之。既而与为公介，倒戟以御公徒 **❽** 而免之。问何故。对曰："翳桑之饿人也。"问其名居，不告而退，遂自亡也。

注 释

❶ 宣子田于首山：宣子，即赵盾；田，打猎，后作"畋"；首山，即首阳山，在今山西永济南。赵盾在首山打猎。

❷ 舍（shè）于翳（yì）桑：舍，住宿；翳桑，古地名。在翳桑住宿。

❸ 灵辄（zhé）：春秋时晋国侠士。

❹ 宦（huàn）：做官。

❺ 遗（wèi）：送给。

❻ 箪食（dān shí）：用箪筒装着的饭食。

❼ 橐（tuó）：一种口袋。

❽ 倒戟（dǎo jǐ）以御公徒：倒戟，掉转戟的指向；御，抵御；公徒，晋灵公的士兵。

译文

当初，赵盾在首山打猎，在翳桑住宿，看见灵辄饿倒在地，就问他有什么困苦。灵辄说："我已经三天没吃饭了。"赵盾便拿饭给他吃，灵辄只吃了一半，另一半留着。赵盾问他缘故，灵辄说："我出来做官已经三年了，不知道母亲还在不在，现在临近家里了，我请求将这饭留给她。"赵盾便让灵辄把饭吃完，又取来一筐饭和肉，放在口袋里递给他。后来灵辄做了晋灵公的卫兵，在晋灵公要杀赵盾时，掉转武器去帮赵盾抵抗士兵，赵盾因此免于一死。赵盾问缘故。灵辄回答："我就是翳桑那个快要饿死的人。"赵盾又问他的姓名和居住地，他不回答就退了出去，随后逃亡了。

解析

俗话说：滴水之恩，涌泉相报。韩信早年贫困潦倒，饿得支撑不住，幸好江边洗衣服的漂母给了他食物吃，他一直记在心里。后来，韩信建功立业，就派人去寻找漂母，并给予千金，报答漂母当年的赠饭之恩。

自己随手做的善事，也许并没有想过要别人的回报，但长年累月地做善事，就会有所谓的"福报"，这种"福报"会在关键时刻产生作用，甚至为自己开辟新的人生道路。相反，长年累月地做坏事，必定会得罪许多人，积累起来就会有所谓的"恶报"。

蜀汉皇帝刘备临终前告诫儿子说："勿以恶小而为之，勿以善小而不为。"不要因为这件坏事很小，就觉得自己可以去做；不要因为这件善事很小，就觉得自己不必去做。赵盾救灵辄只是一次无意的善举，最后危急之时，却正是靠着这个善举救了自己一命。

楚王问鼎

　　楚子伐陆浑之戎 ❶，遂至于洛 ❷，观兵于周疆 ❸。定王使王孙满劳楚子 ❹。楚子问鼎 ❺ 之大小轻重焉。对曰："在德不在鼎。昔夏之方有德也，远方图物 ❻，贡金九牧 ❼，铸鼎象物 ❽，百物而为之备，使民知神、奸。故民入川泽山林，不逢不若 ❾。螭魅罔两 ❿，莫能逢之，用能协于上下，以承天休。桀 ⓫ 有昏德，鼎迁于商，载祀 ⓬ 六百。商纣暴虐 ⓭，鼎迁于周。德之休明 ⓮，虽小，重也。其奸回 ⓯ 昏乱，虽大，轻也。天祚 ⓰ 明德，有所厎止。成王定鼎于郏鄏 ⓱，卜世 ⓲ 三十，卜年七百，天所命也。周德虽衰，天命未改，鼎之轻重，未可问也。"

注　释

❶ 楚子伐陆浑之戎：楚子，春秋时楚国是子爵，所以史书称楚国国君为楚子，但楚国自立为王，所以史上又称楚王；伐，讨伐；陆浑之戎，陆浑一带的戎人，是迁徙到洛阳附近的西北游牧部落。楚庄王讨伐陆浑的戎人。

❷ 洛：洛水。

❸ 观兵于周疆：观兵，检阅军队，显示兵力；周疆，周天子的疆域。 在周天子的疆界检阅军队。

❹ 定王使王孙满劳楚子：定王，周定王；王孙满，春秋时期周大夫；劳，慰劳。 周定王派王孙满去慰劳楚庄王。

❺ 问鼎（dǐng）：询问鼎的重量。 在当时，鼎代表天子身份，诸侯是不宜觊觎的。 鼎，相传禹所铸九鼎，夏商周三代传为国宝。

❻ 远方图物：把远方的东西画成图像。

❼ 贡金九牧：九州的人进献铜器。 贡金，贡铜；九牧，九州之牧。 牧为一州之长。

❽ 铸（zhù）鼎象物：以九州所贡之铜铸造九鼎，并将各种奇异事物铸在鼎上。

❾ 不若：不祥或不祥的事物，指传说中的魑魅魍魉等害人之物。

❿ 螭魅罔两（chī mèi wǎng liǎng）：即魑魅魍魉，古代传说中山泽的鬼怪妖精。

⓫ 桀（jié）：夏朝的暴君、亡国之君。

⓬ 载祀（sì）：年代。

⓭ 商纣（zhòu）暴虐：商纣，商朝暴君、亡国之君；暴虐，肆虐、残暴地对待百姓。 商纣王残暴对待百姓。

⓮ 休明：美好清明。

⓯ 奸回：奸恶邪僻。

⓰ 天祚（zuò）：上天赐福。 祚，福、保佑。

⓱ 郏鄏（jiá rǔ）：周朝东都。 在今河南省洛阳市。

⓲ 卜世：占卜预测传国世数。 后文"卜年"即占卜预测传国年数。

译文

楚庄王讨伐陆浑的戎人，一直打到洛水边，在周天子的疆域陈兵示威。周定王派王孙满去慰劳楚庄王。楚庄王却询问九鼎的大小、轻重。王孙满回答说："统治天下靠的是德行，而不是鼎。当年夏朝正是有德的时候，把远方的物象画成图像，让九州的人进贡铜，铸造了九鼎并将图像铸在鼎上，鼎上世间万物都具备了，让百姓知道了神明和怪物。所以百姓进入山川树林，就不会碰上不祥之物。那些山精鬼怪都不会碰到，因而能够协调上下民众，承受上天的福泽。夏桀昏庸无德，九鼎于是被迁到了商朝，继承了六百年。商纣王暴虐无德，九鼎于是被迁到了周朝。德行如果美好光明，鼎即使很小，也是重的。德行如果奸邪混乱，鼎虽然大，也是轻的。上天赐福给有明德的人，也有一定的期限。周成王将鼎安定在王城，占卜说能传三十代子孙，前后七百年，这是天命。周朝德行虽然衰微，但天命还没有改变，九鼎的轻重，您还不可以询问。"

解 析

在先秦，鼎的大小、重量代表身份和等级。楚庄王的等级是子爵，但楚国强大后便自称为"王"，可见不服周天子统治。这次楚国在周天子面前耀武扬威，甚至直接询问鼎的大小、轻重，是想取而代之。周天子不得不派王孙满去慰劳，王孙满让楚庄王明白了一个道理：统治天下要靠德行，而不是靠武力，更不是靠鼎这种象征

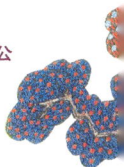

物。从此，楚庄王更加注重
标榜自己的德行。

有一次，陈国内部发生
叛乱。楚庄王派人平定陈
国，顺手就将陈国变成了楚
国的县。众人都向楚庄王庆
贺开疆扩土，唯独有一位大
夫申叔不来庆贺。

楚庄王便问申叔："陈国
臣子大逆不道，杀害国君，
我率领各诸侯去讨伐，将逆臣贼子杀了，大家都来道贺，唯独你不
道贺，是什么原因？"

申叔说："臣子杀害国君，当然是罪大恶极，您派人讨伐乱臣贼
子，这是君王应该做的。可人们有句话说：'牵牛践踏别人的田地，
就把他的牛夺过来。'我觉得牵牛践踏田地的人当然有错，但是夺
走他的牛，这惩罚就太重了。您出兵平定陈国，现在又将陈国夺为
己有，这就是贪图陈国的土地财富了。以伐罪的名义出兵，又以贪
婪结束，恐怕不好吧？"

楚庄王听了，连连夸赞申叔，于是重新恢复了陈国。楚庄王因
此得到他人极高的评价，就连孔子也说："楚庄王真是贤明啊！将大
国财富看得很轻，却非常重视信用德行！"

公子宋食指大动

楚人献鼋❶于郑灵公❷。公子宋与子家❸将见。子公之食指动，以示子家，曰："他日我如此，必尝异味。"及入，宰夫将解鼋❹，相视而笑。公问之，子家以告，及食大夫鼋，召子公而弗与❺也。子公怒，染指❻于鼎，尝之而出。公怒，欲杀子公。子公与子家谋先……夏，弑灵公。

注 释

❶ 鼋（yuán）：一种大鳖，是古代美味。

❷ 郑灵公：春秋时郑国君主。

❸ 公子宋与子家：春秋时期郑国执政大臣。

❹ 解鼋：杀鼋。

❺ 弗（fú）与：不给。

❻ 染指：伸手指沾染汤汁，常用来比喻分取不应得的利益。

译 文

楚人送给郑灵公一只大鳖。公子宋和子家将要去见郑灵公。公子宋的食指忽然动了起来，他把手指伸给子家看，说："以前我只

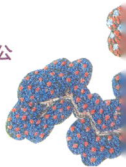

要出现这种情况，就一定能尝到美味。"等到进了宫，看到厨子正在杀大鳖，两人相视而笑。郑灵公问缘故，子家就将事情告诉了他。等郑灵公将大鳖赐给臣子吃时，召来了公子宋却偏不给他吃。公子宋发怒，用手指在鼎里蘸了蘸，尝了味然后走了。郑灵公也很生气，想要杀掉公子宋。公子宋就预先和子家谋划……夏季，杀掉了郑灵公。

解 析

春秋时，郑国公子宋有一种特异功能：只要食指一动，就必定会尝到美味。直到今天，人们仍用"食指大动"这个词，来表示将有美味可吃，也用来形容看到有好吃的东西而贪婪的样子。

郑灵公偏偏要搞恶作剧，让公子宋的说法不灵验，他叫来了公子宋，却偏偏不给他美味吃，导致两人出现矛盾。最后，郑灵公恰恰死于公子宋的叛乱。公子宋杀害国君，必然没有好下场。一场大乱后，公子宋被人杀死，暴尸于朝。回头想想，这是为了多大点儿事呢？

大国数奔

晋人或以广❶队不能进，楚人惎❷之脱扃❸，少进，马还❹，又惎之拔旆投衡❺，乃出。顾曰："吾不如大国❻之数奔❼也。"

注 释

❶ 广：兵车。

❷ 惎（jì）：教导。

❸ 扃（jiōng）：车上放兵器的拦架。

❹ 还（huán）：盘旋。

❺ 拔旆（pèi）投衡：拔掉旗子，扔掉横木。

❻ 大国：晋国人讥讽楚国的说法。

❼ 数（shuò）奔：数，多次；奔，逃跑。即多次逃跑。

译 文

（晋国和楚国开战，晋国战败逃跑。）晋国有战车陷在泥坑里不能前进，楚国人教他们抽出车前拦板，稍微跑了几步，马匹又盘旋打转不能前进，楚国人又教他们拔掉大旗，扔掉车辕头上的横木，这才逃了出去。晋国人却回头对楚国人说："我们不像你们大国富有逃跑的经验啊！"

解析

从这些战争细节，我们可以看出：在春秋时期，即便是打仗，大家也是讲人情的，士兵并不是杀人机器。晋、楚两国虽然敌对，但在晋国战败、士兵逃跑时，楚国人并没有赶尽杀绝，反而积极帮助他们逃跑。晋国虽然被打败了，但还留着最后的倔强，逃跑时转头讥讽楚国人富有逃跑经验，不过是想找回点面子。

晋楚之间有过三次大规模战争，这是第二次。有一次，晋国将军荀林父在战场上碰到楚王的车驾，不但没有去攻击，反而按照礼仪下车向楚王行礼，然后才去继续战斗，楚王也让侍卫不要攻击行礼的荀林父。可见春秋时敌国对阵，还是很讲人情和礼仪的。到了战国时期，就完全不是这样了，对胜利的渴求已经完全超过了人情和礼仪。

解扬负小义守大义

使解扬如②宋，使无降楚，曰："晋师悉③起，将至矣。"郑人因而献诸楚，楚子厚赂④之，使反其言，不许，三而许之。登诸楼车⑤，使呼宋人而告之。遂致其君命。楚子将杀之，使与之言曰："尔既许不谷⑥而反之，何故？非我无信，女则弃之，速即尔刑。"对曰："臣闻之，君能制命为义，臣能承命为信，信载义而行之为利。谋不失利，以卫社稷，民之主也。义无二信，信无二命。君之赂臣，不知命也。受命以出，有死无霣⑦，又可赂乎？臣之许君，以成命也。死而成命，臣之禄也。寡君有信臣，下臣获考死⑧，又何求？"楚子舍之以归。

注 释

❶ 解（xiè）扬：春秋时晋国人。

❷ 如：入，到。

❸ 悉：全部。

❹ 厚赂（lù）：厚重的贿赂，收买。

❺ 楼车：古代战车的一种。上设望楼，用以窥探敌人的虚实。

❻ 不谷：楚王自称。

❼ 霣（yǔn）：通"殒"，死亡，灭亡。

❽ 考死：死得其所。

译　文

（楚国讨伐宋国，宋国向晋国求救。）晋国派解扬去宋国，让他叫宋国人不要投降，说："晋国军队都出发了，马上就来救援。"郑国人半路捉住解扬，献给了楚国。楚庄王用丰厚的财物收买解扬，让解扬把话反过来说（告诉宋人晋国不会来救援，赶紧开门投降），解扬不答应，经过三次劝说后才答应了。楚庄王让解扬登上战车，让他大声喊话告诉宋国人。解扬便趁机将晋国的命令传达了。楚庄王想杀掉解扬，派人对他说："你既然答应了我，现在又违背了诺言，是什么缘故？不是我不讲信用，是你放弃了它，赶紧接受你的惩罚吧！"解扬回答："我听说，国君能制定命令就是道义，臣子能接受命令就是信用，信用承载了道义然后去做就有利。国君做谋划时不失掉利益，以此来保卫国家社稷，就是百姓的主人。道义不能有两份信用，信用也不会接受两份命令。您贿赂我，就是不知道命令的意义。我接受命令出国，只有一死而已，不会违背命令，怎么可以被收买呢？我答应您，是为了去完成我国君的命令。我虽然会死，但完成了国君的命令，就是我的福气了。我们国君有讲信用的臣子，我这个小臣能死得其所，又还有什么好求的？"楚庄王（不好杀忠臣）释放了解扬，让他回去了。

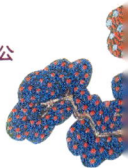

解析

有一次，子贡问什么叫作"士"，孔子回答："行己有耻，使于四方，不辱君命，可谓士矣。"一个人做事，凡是认为可耻的事情就不去做。君王派遣他去别的国家出使，他能够不辱没君王的命令，既能办妥事情，又不让国家丢脸，就可以称作"士"了。

解扬答应楚庄王，只是为了有机会完成晋国派遣他的任务，虽然辜负了对楚庄王的小信，但却遵守了对自己国家的大信。楚庄王为了让臣子们都以解扬为榜样，把对国家的忠心放在第一位，便选择不杀解扬。解扬因为忠诚而逃过一劫。

不过，不是每个敌人都能像楚庄王一样大度。东汉末年，马超为了抵抗曹操，在西北地区拉拢势力。唯有冀城官兵死死守住城门，不肯接纳马超。马超带领一万多人围攻冀城。冀城人疲马乏，只得派阎温偷偷出城去求救兵，不料阎温半路被马超抓住了。

马超威逼利诱，要阎温对冀城官兵说救兵不会来了，赶紧开门投降。阎温却大声呼叫，对冀城人说："救兵不到三日就来了，再坚持一下就能胜利。"马超一怒之下，将阎温杀死了。孔子说："志士仁人，无求生以害仁，有杀身以成仁。"阎温虽死，也可谓是"杀身成仁"！

结草衔环

初，魏武子❶有嬖妾❷，无子。武子疾，命颗❸曰：“必嫁是。”疾病，则曰：“必以为殉❹。”及卒❺，颗嫁之，曰：“疾病则乱，吾从其治❻也。”及辅氏之役❼，颗见老人结草❽以亢杜回❾，杜回踬而颠❿，故获之。夜梦之曰：“余，而⓫所嫁妇人之父也。尔用先人之治命，余是以报。”

注释

❶ 魏武子：魏犨（chōu），春秋时晋国大夫。

❷ 嬖（bì）妾：宠爱的妾。

❸ 颗：魏颗，魏武子的儿子。

❹ 殉：殉葬，用活人给死者陪葬。

❺ 卒：死。

❻ 治：这里指清醒时的决定。

❼ 辅氏之役：在晋秦争霸战争中，魏颗率军在辅氏这个地方与秦军作战。

❽ 结草：将草编连在一起。

❾ 以亢杜回：亢，抵御；杜回，秦国猛将。

❿ 踬（zhì）而颠：踬，被东西绊倒；颠，颠倒。

⓫ 而：你。

译 文

当初，魏武子有一个非常喜欢的妾，没有生儿子。魏武子生病时，命令魏颗说："我死后，你一定让她改嫁。"魏武子病危时，又对魏颗说："我死了，你一定要让她殉葬。"等到魏武子死了，魏颗便将那个女子嫁了，魏颗说："病重了就神志不清，我只听从他清醒时的话。"后来在辅氏这一次战役中（魏颗遇上秦国猛将杜回），魏颗看到一个老人把草打成结阻拦杜回，使得杜回被草给绊倒了，所以魏颗俘虏了杜回。到了夜里，魏颗梦见老人对自己说："我就是您嫁出去的那个女子的父亲，您选择执行先君清醒时的命令（让我女儿免于一死），所以我来报答您。"

解析

成语"结草衔环",表示报恩报德,至死不忘。其中,"结草"说的就是老人向魏颗报恩的事。"衔环"则是另外一个故事:

东汉初年,有一个孩子叫杨宝。九岁时,杨宝在华阴山北面看见一只黄雀被老鹰啄伤,坠落在树下,被蝼蚁困住了。杨宝觉得黄雀可怜,就将它带回家喂养。黄雀只吃黄花,一百天后,伤势养好就飞走了。当天夜里,一个黄衣童子来到杨宝家对他说:"我是西王母的使者,蒙您拯救,我心里实在感激。"黄衣童子赠送给杨宝四个白玉环,说:"它可以保佑您的子孙位列三公,为政清廉,做事就如同这白玉环一样干净无瑕。"后来,杨宝的儿孙果然当了大官,而且刚正不阿,美德被后人传颂。

但行好事,莫问前程。魏颗和杨宝做好事时,都没有想过会得到别人的回报,好事做多了,自然就有好报了。

魯成公

郤克伐齐

郤克①伤于矢②，流血及屦③，未绝鼓音，曰："余病④矣！"张侯曰："自始合⑤，而矢贯⑥余手及肘，余折以御，左轮朱殷，岂敢言病？吾子忍之！"缓曰："自始合，苟有险，余必下推车，子岂识之？然子病矣！"张侯曰："师之耳目，在吾旗鼓，进退从之。此车一人殿⑦之，可以集事⑧，若之何其以病败君之大事也？擐甲执兵⑨，固⑩即死也。病未及死，吾子勉⑪之！"左并辔⑫，右援枹⑬而鼓，马逸⑭不能止，师从之⑮。齐师败绩。逐之，三周华不注⑯。

注 释

❶ 郤（xì）克：姬姓，郤氏，名克，春秋中期晋国正卿，身残志坚的元帅。

❷ 矢（shǐ）：箭。

❸ 屦（jù）：古时用麻、葛等做成的鞋。

❹ 病：负伤。

❺ 合：交战。

❻ 贯：穿。

⑦ 殿：镇守。

⑧ 集事：成事，指打胜仗。

⑨ 摆（huàn）甲执兵：穿上铁甲，
拿起兵器。

⑩ 固：本来。

⑪ 勉：勉励、努力。

⑫ 并辔（pèi）：合并马缰绳。

⑬ 援（yuán）枹（fú）：拿过鼓槌。枹，鼓槌。

⑭ 逸：奔跑、狂奔。

⑮ 师从之：军队跟从他。

⑯ 三周华不（fū）注：周，环绕；华不注，山名，在今山东济南东北。绕
了华不注山三圈。

译文

晋国郤克被弓箭射伤，血流到了鞋子上，但他没有停止击鼓，（他对旁边人）说："我受伤了！"解张说："从交战开始，箭就射穿了我的手和肘，我折断箭仍旧赶车，左边车轮都被我的血染成了黑红色，怎么敢说受伤，您还是忍忍吧！"郑丘缓说："从交战开始，一遇到危险，我就会下去推车，您怎么会知道？不过您确实伤得重了！"解张说："军队的耳朵和眼睛，就是我的旗子和鼓声，士兵进退都要听从它。这辆车一个人镇守，战事就可以完成。为什么要因为一点伤痛而坏了国君的大事呢？身上穿着铠甲手里拿着兵器，本来就是抱着必死的决心。现在受伤还没到死的地步，您还是努力

战斗吧！"解张左手合并了马缰，右手拿过鼓槌击鼓，所驾的马奔跑不停，晋国军队跟着这战车前进。（他们的敌人）齐国军队被打败了。晋国追逐齐国军队，追着他们绕了华不注山三圈。

解 析

《孝经》上说："身体发肤，受之父母，不敢毁伤，孝之始也。"爱惜自己的身体，不让父母担心，就是孝顺的表现。

东晋有一个人叫范宣，八岁时他去后院挖菜，不小心伤了自己的手指，于是大哭起来。别人问他："很痛吗？"范宣回答："不是因为痛，身体头发和皮肤，都是父母给的，我不敢毁伤，所以哭泣。"

然而，战场上的士兵为了国家的胜利，不能顾及自己的伤势，受了伤也依然奋勇抗敌，这是值得钦佩的行为。晋国郤克、解张和郑丘缓，三人都具有勇于牺牲的大无畏精神。

对国家尽忠，势必不能怜惜自己的身体，所以就无法对父母尽孝；如果要当孝子，不敢毁伤自己的身体，就无法对国家尽忠，所以古人又说："忠孝难两全。"在"忠"和"孝"之间，有人选择"尽忠"，有人选择"尽孝"，你又如何选择呢？

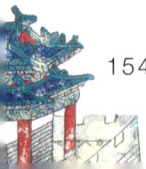

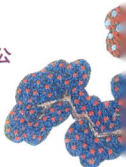

范文子循礼让功

晋师归，范文子❶后入。武子❷曰："无为吾望尔也乎？"对曰："师有功，国人喜以逆❸之，先入，必属耳目❹焉，是代帅受名也，故不敢。"武子曰："吾知免矣。"郤伯❺见，公曰："子之力也夫！"对曰："君之训也，二三子之力也，臣何力之有焉！"范叔见，劳❻之如郤伯，对曰："庚所命也，克之制也，燮何力之有焉❼！"栾伯❽见，公亦如之，对曰："燮之诏也，士用命也，书❾何力之有焉！"

注　释

❶ 范文子：士燮，春秋时期晋国大夫。按封地又为范氏，谥号"文"，所以后世又称范文子。

❷ 武子：士会，范文子的父亲。

❸ 逆：迎接。

❹ 属耳目：受人注意。

❺ 郤伯：即郤克。

❻ 劳：慰劳。

❼ 庚所命也，克之制也，燮何力之有焉：庚，指荀庚，春秋中期晋国卿大

夫；克，指郤克；燮，是范文子自称。这都是荀庚的命令，郤克的节制，我士燮有什么功劳呢。

❽ 栾伯：即栾书。春秋中期晋国执政大臣、统帅。

❾ 书：栾伯名书，这里是自称。

译文

晋国军队得胜归来，范文子到最后才回。父亲范武子问他："你认为我不会盼望你吗？"范文子说："军队有功劳，国人会高兴地去迎接军队。我如果先回，肯定会受人注目，那是在代替主帅接受荣誉，因此我不敢。"范武子说："我认为你可以避免祸害加身了。"郤克去觐见国君，国君说："这次胜仗都是您的功劳啊！"郤克说："这都是国君的教诲，是诸位将帅和士兵的功劳，下臣我有什么功劳呢？"范文子进见国君，国君也照样慰劳范文子，范文子说："这都是荀庚的命令、郤克的节制，我士燮有什么功劳呢？"栾书进见国君，国君又像夸郤克和范文子一样夸栾书，栾书也说："这都是范文子的指示、士兵服从命令罢了，我栾书有什么功劳呢？"

解析

很多时候，一件事情的成功，往往和众人的努力合作分不开。如果一个人想占据全部功劳，就会招来妒忌和怨恨。范文子等人深知此理，打了胜仗回来，不说是自己的功劳，反而夸奖自己的同事，彼此谦让，成为美谈。

《晏子春秋》记载了一个故事：

春秋时，齐景公手下有三位勇士，分别是公孙接、田开疆和古冶子。他们三人战功赫赫，而且都认为自己的功劳最大，不免露出得意之态。晏子觉得这三人如此恃功而骄，将来恐怕要闹出事来，因此想了一个计策。

有一天，晏子让齐景公准备了两个珍贵的大桃子，将三位勇士请来，把这两个桃子赏赐给他们。三个人无法平分两个桃子，晏子便提议："你们三人说一说自己的功劳，功劳大的就拿一个桃子。"

公孙接和田开疆都报出自己的功劳，分别拿了一个桃子。古冶子认为自己功劳最大，气得拔剑指责另外二人。公孙接和田开疆听完古冶子的功劳，自叹不如，让出了桃子，但公孙接和田开疆感到很羞愤，于是自杀而死。古冶子看到二位勇士死了，突然醒悟过来，回想自己吹嘘功劳的丑态，也很羞愧，于是也拔剑自杀了。

这就是"二桃杀三士"的故事。公孙接、田开疆和古冶子，固然是不可多得的猛士，却因为争抢功劳而灭亡。不懂得谦让，势必不会有好的下场。

楚归晋知䓨

荀䓨[1]之在楚也，郑贾人[2]有将置诸褚[3]中以出。既谋之，未行，而楚人归之。贾人如[4]晋，荀䓨善视之，如实出己[5]，贾人曰："吾无其功，敢有其实乎？吾小人，不可以厚诬[6]君子。"遂适[7]齐。

注 释

[1] 荀䓨（yīng）：智䓨，春秋时晋国卿士，曾任晋国中军元帅。因智氏出自荀氏，所以又称荀䓨。

[2] 郑贾人：郑国的商人。

[3] 褚（zhǔ）：口袋。

[4] 如：到。

[5] 如实出己：好像确实救出了自己。

[6] 厚诬（wū）：深加欺骗。

[7] 适：去。

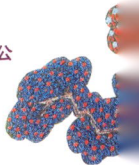

译文

荀罃被抓到楚国时，有个郑国商人打算将荀罃藏在袋子里逃出楚国。计策已经谋划好，还没实行，楚国人又将荀罃送回了晋国。商人也跟到了晋国，荀罃待商人很好，就好像他确实救了自己一样。商人说："我并没有那样的功劳，怎么敢得到这样的实惠呢？我只是个小民，不能重加欺骗君子。"于是就到齐国去了。

解析

荀罃被抓到楚国时，晋国派人来讲和，楚国答应送荀罃回国。楚王问荀罃："你怨恨我抓了你吗？"荀罃说："两国交兵，我没有才能，不能担当大任，因此成了俘虏。您不杀我，让我回国再受罚，这是您的恩惠。我自己没才能，又敢怨恨谁呢？"

楚王又问："那么你感激我吗？"荀罃回答："两国各为自己社稷着想，希望百姓安宁，双方抑制自己的愤怒互相体谅，各自释放囚犯。两国交好，我并没有参与，又能感激谁呢？"

楚王问："你回去后，怎么回报我？"荀罃说："我没有怨恨，君王您也不值得我感恩，没有怨恨也没有恩情，哪里来的回报？"

楚王执意要荀罃说，荀罃只好说，"如果托您的福，我能够回到晋国，我们国君要按国法杀我，我死而不朽……我们国君若不杀我，而给予我重任，让我率领军队保卫边疆，那么，我即使是碰到

楚王您的人马，也不敢去回避，我一定会竭尽全力而死。对晋国没有二心，以尽臣子的职责，这就是我能报答您的。"

荀䓨不卑不亢，让楚王忍不住感慨："不可以和晋国相争啊！"于是对荀䓨加以礼遇，并送他回去了。

结合本篇来看，郑国商人想帮助荀䓨逃跑，虽然没有用上计谋，但荀䓨对商人始终感恩。商人的品德也非常高尚，并不妄自接受别人的回报。

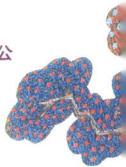

栾武子从善

　　军帅之欲战者众，或谓栾武子 ❶ 曰："圣人与众同欲 ❷，是以济事 ❸。子盍从众 ❹？子为大政，将酌 ❺ 于民者也。子之佐 ❻ 十一人，其不欲战者，三人而已。欲战者可谓众矣。《商书》曰：'三人占，从二人。'众故也。"武子曰："善钧 ❼ 从众。夫善，众之主也。三卿为主，可谓众矣。从之，不亦可乎？"

注释

❶ 栾武子：晋景公、晋厉公时期的执政大臣、统帅。

❷ 同欲：愿望相同。

❸ 济事：做到，成事。

❹ 子盍（hé）从众：您何不听从众人？盍，何不。

❺ 酌（zhuó）：斟酌。

❻ 佐（zuǒ）：辅佐、助手。

❼ 善钧（jūn）：同样是好事。钧，通"均"同样。

译 文

军中将领想要开战的人有很多，有人对栾武子说："圣人和大众的愿望相同，所以能够成功。您何不听从大家的呢？您是执政大臣，应该听取百姓的意见。您有十一个辅佐助手，不想要开战的，只有三个人而已。想要开战的占了多数。《商书》说：'三个人占卜，听从其中两人的。'正是因为人多的缘故。"栾武子说："同样都是好事，才听从多数人的。善，是多数人的主张。现在有三位大臣主张（不开战），可以算得上是'众人'了。我听从他们三人的，不也可以吗？"

解 析

我们在投票时，往往是"少数服从多数"的原则。大多数人同意的事情，会被优先考虑。然而，我们又有一句话叫"真理掌握在少数人手中"，如果只听从多数人的话，岂不是违背了真理？

栾武子认为，只有两个选择都符合"善"的时候，我们才能听从多数人的意见。如果有一件是好事，另一件是坏事，在二者之间取舍，就不需要听从多数人的意见了。只要有人主张做好事，就要优先考虑做好事。至于那件坏事，即便有再多的人支持，也不能盲目听从。善，即是正确。在"从众"和"从善"之间，栾武子选择"从善"。

晋景公病入膏肓

公 ❶ 疾病，求医于秦。秦伯使医缓 ❷ 为之。未至，公梦疾为二竖子 ❸，曰："彼，良医也。惧伤我，焉 ❹ 逃之？"其一曰："居肓 ❺ 之上，膏 ❻ 之下，若我何？"医至，曰："疾不可为也。在肓之上，膏之下，攻之不可，达之不及，药不至焉，不可为也。"公曰："良医也。"厚为之礼而归之。

注　释

❶ 公：指晋景公。

❷ 医缓：秦国一位名医。

❸ 竖子：童仆、小子。

❹ 焉（yān）：哪里、怎么。

❺ 肓（huāng）：古人称心脏与膈膜之间为肓。

❻ 膏（gāo）：心尖脂肪为膏。

译　文

晋景公生了病，去秦国求良医。秦桓公派医缓去给他看病。医缓还没到，晋景公梦见疾病变成了两个小孩，其中一个说："医缓是个好医生，恐怕会伤到我们，怎么才能逃掉呢？"另一个说："我们躲到肓的上面、膏的下面去，他能拿我们怎么办？"医缓到了，（看完病后）说："这病不能治了。疾病到了肓的上面、膏的下面，灸不能用，针达不到，药物也起不到作用，不能救了。"晋景公说："真是个好医生啊！"于是馈赠给医缓厚重的礼物，送他回去了。

解 析

古人将心尖的脂肪称为"膏"，将心脏与膈膜之间的地方称为"肓"。"膏肓"是古代医术治疗不到的地方，所以"病入膏肓"指病情特别严重，无法医治了。医缓一眼就看出晋景公已经"病入膏肓"，所以晋景公夸他有眼力。

战国时期有一个《扁鹊见蔡桓公》的故事：有一次，神医扁鹊看到蔡桓公，站了一会儿，扁鹊说："您皮肤纹理间有些疾病，不治疗的话，恐怕会加深。"蔡桓公说："我没有病。"扁鹊就出去了。蔡桓公说："医生就喜欢治疗没病的人，以此显示自己的功劳。"

过了十天，扁鹊又来了，说："您的疾病在肌肉里，不治疗的话，恐怕会加深。"蔡桓公不接话。扁鹊出去了，蔡桓公又不高兴。

又过了十天，扁鹊又来了，说："您的疾病在肠胃里，不治疗的话，恐怕会加深。"蔡桓公依旧没接茬。扁鹊又出去了，蔡桓公又不高兴。

又过了十天，扁鹊远远望见蔡桓公，转身就走。蔡桓公故意派

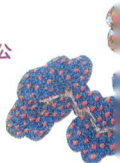

人去问他原因，扁鹊说："疾病在皮肤纹理时，用汤熨就能治好；疾病到了肌肉间，用针灸就能治好；疾病到了肠胃里，用火剂汤就可以治好；疾病到了骨髓中，那就是司命之神所管的事了，医生已经没有办法了。现在疾病已经到了骨髓，所以我不再请求为他治病了。"

过了五天，蔡桓公感觉身体疼痛，急忙派人去找扁鹊，扁鹊已经逃到秦国去了，蔡桓公就病死了。

人身上的大病，都不是一朝一夕忽然得的，而是一日一日积累起来的。保持健康最好的方式，就是不要养成坏习惯，发现问题及时纠正，才不至于"病入膏肓"。当今社会，仍然有许多疾病是很难治好的，比如癌症。癌症晚期无法治好，却可以在早期通过体检预防。如果放任小病不管，等到疾病到了无法救治的那一天，再去找医生就迟了。

栾针好整以暇

栾针❶见子重之旌❷，请曰："楚人谓夫旌，子重之麾❸也。彼其子重也。日臣之使于楚也，子重问晋国之勇。臣对曰：'好以众整❹。'曰：'又何如？'臣对曰：'好以暇❺。'今两国治戎❻，行人❼不使，不可谓整；临事而食言❽，不可谓暇。请摄饮❾焉。"公许之。使行人执榼❿承饮，造⓫于子重，曰："寡君乏使⓬，使针御持矛⓭。是以不得犒⓮从者，使某摄饮。"子重曰："夫子尝与吾言于楚，必是故也，不亦识⓯乎！"受而饮之。免使者而复鼓。

注释

❶ 栾针（zhēn）：栾氏，名针，是栾书的儿子，春秋时期晋国车右。

❷ 旌（jīng）：古代一种旗子。

❸ 子重之麾（huī）：子重，楚穆王之子，春秋时期楚国令尹；麾，古代指挥军队用的旗子。

❹ 好（hào）以众整：喜欢队伍严整有序。

❺ 暇（xiá）：不急迫，从容不迫。

❻ 治戎（róng）：作战。

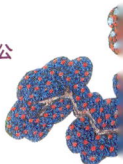

⑦ 行人：使者。

⑧ 食言：说话不算数。

⑨ 摄（shè）饮：代为敬酒。

⑩ 榼（kē）：古代盛酒的器具。

⑪ 造：到。

⑫ 寡君乏使：寡君，对别人称呼自己国君；乏使，缺乏使者。

⑬ 矛：古代兵器。

⑭ 犒（kào）：用酒食或财物慰劳、奖励。

⑮ 识（zhì）：牢记。

译文

晋国栾针看见楚国子重的旗子，向晋厉公请求说："楚国人说那旗子是子重的旗号，他恐怕就是子重了。以前我出使楚国，子重问我晋国的勇武表现在哪里。我回答他说：'喜好整齐有序。'他又问：'还有呢？'我回答：'喜好从容不迫。'现在两国交战，不派使者问候，就说不上是整齐有序了；临近大事而说话不算话，也说不上是从容不迫了。请让我去给子重敬酒。"晋厉公允许了，派使者拿着酒器去敬酒。栾针到了子重那里，说："我们国君缺乏使者，派我栾针拿着长矛侍奉左右。因此不能犒劳您的从人，派我来代他送酒。"子重感慨说："他曾经和我在楚国说过一些话，他送酒来肯定是因为那个缘故，他的记忆力可真强啊！"于是接受了酒并喝了。不难为使者让他回去，然后重新击鼓进攻。

解析

在这场战役中，晋国还有一位大将叫郤至，曾三次碰到楚共王的车驾，他每次看到楚共王，都要下车脱下头盔致敬，然后快步向前走。楚共王对这个敌人也很有礼貌，派人送去一张弓，并问候郤至是不是受了伤。郤至脱下头盔回答："我跟随我们国君作战，托您的福，参与了披甲行列，不敢拜谢命令。谨向君王您报告，我没有受伤，感谢您的惠赐。由于战争的缘故，我只能向使者敬礼了。"于是，又三次向使者拜谢之后才退走。

晋国和楚国经历过三次大规模的争霸战争。第一次"城濮之战"，晋军对楚国"退避三舍"，主动避让九十里，以报答当年楚王招待晋文公的恩情；第二次"邲之战"，晋国大败，楚国也没有赶尽杀绝，反而帮助晋国士兵逃跑；第三次"鄢陵之战"，栾针为了落实自己对楚国人说过的话，在战场上朝敌方将领敬酒，双方彬彬有礼，保持了君子风度。双方都不肯输掉礼仪和信用。

栾针正是因为知道子重是君子，才会如此去做。双方敬酒之后，在战场上仍然要刀兵相见、奋勇杀敌。敬重对方与奋勇杀敌，二者是不矛盾的。就好比在奥运会中，双方队员要握手致敬，以示礼貌，但在比赛时，仍然要竭尽全力去赢对方，这是不能退让的。

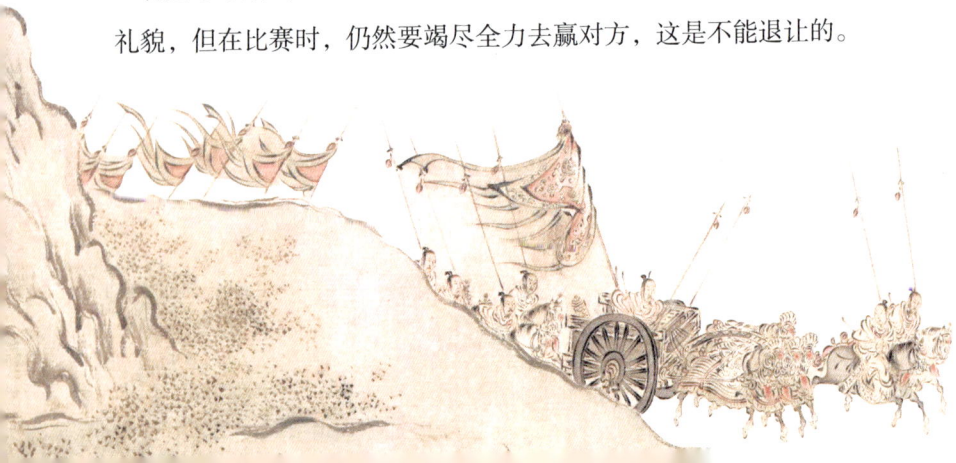

魯襄公

祁奚举贤

祁奚请老^❶，晋侯问嗣焉^❷。称解狐^❸，其仇也。将立之而卒^❹。又问焉。对曰："午^❺也可。"于是羊舌职^❻死矣，晋侯曰："孰可以代之？"对曰："赤^❼也可。"于是使祁午为中军尉^❽，羊舌赤佐^❾之。君子谓祁奚于是能举善^❿矣。称其仇，不为谄^⓫；立其子，不为比^⓬；举其偏，不为党^⓭。《商书》^⓮曰："无偏无党，王道荡荡。"其祁奚之谓矣。

注 释

❶ 祁奚（qí xī）请老：祁奚，晋国大臣，曾担任晋国中军尉；请老，请求告老还家。

❷ 晋侯问嗣（sì）焉：晋侯，即晋悼公；嗣，接替职位的人。晋悼公问谁能接替祁奚的职位。

❸ 称（chēng）解狐（xiè hú）：称：称道，推举；解狐，晋国的大臣，是祁奚的仇人。

❹ 卒：死。

❺ 午：祁午，祁奚的儿子。

❻ 羊舌职：晋国的大臣，当时任中军佐。

❼ 赤：羊舌赤，羊舌职的儿子。

❽ 中军尉：中军的军尉。

❾ 佐：辅佐，这里这指担当中军佐。

❿ 举善：推举贤能的人。

⓫ 谄（chǎn）：谄媚，讨好。

⓬ 比：偏袒、偏爱。

⓭ 党：结党。

⓮ 《商书》：指《尚书·洪范》。

译 文

祁奚请求告老还乡，晋悼公问谁能接替他的职务。祁奚举荐了解狐——解狐是祁奚的仇人。国君将任用解狐，解狐却死了。国君又问祁奚。祁奚说："祁午可以担任。"这时羊舌职也死了，晋悼公问："谁能接替羊舌职呢？"祁奚说："羊舌赤可以。"于是国君任用祁午做中军尉，让羊舌赤做了中军佐。君子说祁奚在这件事上能举荐贤能的人。他举荐仇人而不谄媚，举荐儿子而不偏袒，举荐下属而不结党。《商书》说："没有偏袒也不勾结，圣王之道坦坦荡荡。"说的就是祁奚啊！

解 析

祁奚"外举不避仇，内举不避亲"。既不会因为是仇人而不举荐，也不会因为是亲人而避嫌，这是对国家、对君主的忠诚，也是一种敬业。

171

关于举荐人才，孔子也有自己的看法。仲弓做了季氏的家臣。有一天，仲弓询问孔子如何管理政务，孔子说："先理顺事务，让手下人各司其职，赦免别人微小的过错，举荐和任用贤能的人。"仲弓又问："我怎么知道哪里有贤能的人呢？"孔子说："举荐你所知道和了解的人就行了。你所不知道的，难道别人会埋没他们吗？"

三国时，有一个叫许允的人，他担任吏部郎后，所任命的人大多是他的同乡。魏明帝认为他偏私，派人去抓捕他。许允的妻子跟许允说："对于英明的君主，你可以跟他讲道理，但不要谈论感情。"许允被抓到魏明帝跟前，魏明帝审问他。许允说："孔子说过要'举荐你所知道和了解的人'，我的同乡就是我所知道和了解的人。陛下您可以去调查，看他们是不是称职。如果不称职，我愿意接受惩罚。"魏明帝派人去调查，发现许允提拔的人确实都很称职，于是释放了许允。

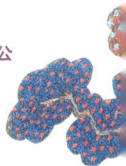

晋侯之弟扬干乱行曲梁

晋侯之弟扬干❶乱行于曲梁❷，魏绛戮其仆❸。晋侯怒，谓羊舌赤曰："合诸侯❹以为荣也，扬干为戮，何辱如之？必杀魏绛，无失也！"对曰："绛无贰志❺，事君不辟难❻，有罪不逃刑❼，其将来辞，何辱命焉？"言终，魏绛至，授仆人书，将伏剑❽。士鲂、张老❾止之。公读其书❿曰："日君乏使，使臣斯司马⓫。臣闻'师众以顺为武，军事有死无犯为敬'。君合诸侯，臣敢不敬？君师不武，执事不敬，罪莫大焉。臣惧其死，以及扬干，无所逃罪。不能致训⓬，至于用钺⓭。臣之罪重，敢有不从以怒君心？请归死于司寇⓮。"公跣⓯而出，曰："寡人之言，亲爱也。吾子之讨，军礼也。寡人有弟，弗⓰能教训，使干⓱大命，寡人之过也。子无重⓲寡人之过也，敢以为请。"

注 释

❶ 扬干：晋悼公的弟弟。

❷ 乱行于曲梁：在曲梁扰乱军队的行列。曲梁，地名。

❸ 魏绛（jiàng）戮（lù）其仆（pú）：魏绛，春秋时晋国卿，史称魏庄子；戮，杀；仆，仆人，指车夫。魏绛杀了扬干的车夫以作惩罚。

❹ 合诸侯：会合诸侯。

❺ 贰（èr）志：二心。

❻ 辟难（bì nàn）：躲避祸难。

❼ 逃刑：逃避刑罚。

❽ 伏剑：指以剑自刎。

❾ 士鲂（fáng）、张老：二人都是晋国卿大夫。

❿ 书：向君主进呈的书面意见。

⓫ 司马：古代官职名称。

⓬ 不能致训：不能事先教导、训诫。

⓭ 钺（yuè）：古代兵器，青铜或铁制成，形状像板斧。

⓮ 司寇（kòu）：古代主管刑狱的官职。

⓯ 跣（xiǎn）：光着脚。

⓰ 弗（fú）：不。

⓱ 干：触犯。

⓲ 重（zhòng）：加重。

译 文

晋悼公的弟弟扬干在曲梁驾车扰乱军队行列，魏绛便把扬干的车夫杀了。晋悼公生气，对羊舌赤说："我会合诸侯并以此为荣，

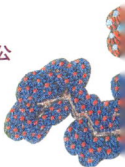

我弟弟扬干的人被杀，还有什么侮辱比得上这个？一定要杀掉魏绛，不要耽误了！"羊舌赤回答："魏绛平时没有二心，侍奉君主不避艰难，有了罪过也不逃避刑罚，他大概会来说明情况的，君王何必下命令呢？"话刚说完，魏绛就来了，把信交给了仆人，就准备拔剑自杀。士鲂、张老劝阻了他。晋悼公读完魏绛的信，看见上面写道："当日您缺乏使唤的人，让我担任了司马。我听说'在军队中顺从命令叫作武；在军中做事，宁可死也不触犯纪律叫作敬'。您会合诸侯，臣子怎么敢不恭敬？您的军队不勇武，办事的也不恭敬，这罪过就大了。我害怕触犯死罪，连累到扬干，罪责无可逃避。我不能教导全军，以至于动用了兵器杀人。我的罪过很严重，哪敢不服从惩罚来激怒君心呢，我请求死在司寇那里。"晋悼公读完，急忙光着脚走出来，说："我说的话，是因为疼爱弟弟的缘故；您惩罚扬干，是因为军队的礼节。我有弟弟，没有教好他，让他触犯了军令，这是我的过错。您不要再加重我的过错了，谨以此为请求。"

解析

三国时期，曹操率兵经过一片麦田，为了不侵扰百姓，曹操下令不准官兵践踏麦地，否则就要杀头。于是，官兵们都下马小心翼翼地往前走。老百姓看见了，无不称颂曹操的德行。

曹操骑马走着走着，忽然田野中飞起一只鸟，让曹操的马受到了惊吓。马一下子蹿入麦田，踩坏了好些麦子。曹操见自己违反了纪律，只好给自己定罪，让执法官杀掉自己。

执法官哪里敢杀曹操，坚决不肯。曹操便举刀自杀，被众人拦住。于是，他用宝剑割断了自己的头发，说："那就让我割掉头发，代替我的砍头之罪吧！"

古人认为"身体发肤，受之父母"，头发也是身体的一部分，割掉头发虽然不疼，在古代却是一种较重的刑罚，也是一种侮辱。曹操"割发代首"，是为遵守纪律做出表率。俗话说"军令如山"，军队颁布的法令，就如同山一样不可动摇。无论在哪里，纪律都不可违反。无论他身份如何，违反纪律都将受到惩罚。

春秋战国时期，孙武受到吴王的接见。吴王阖闾早就听说孙武善于用兵，就问："您可以用女子来操演战事吗？"孙武说可以。

吴王便派出自己宫中的一百八十个宫女，让她们分为两队，听从孙武的命令来操演兵法。孙武让所有宫女都拿着兵器，让吴王最宠爱的两名妃子当了队长，并跟她们讲清楚演练的纪律和号令，并说："此刻起你们就是一名战士，我发布命令，你们必须照做。"

谁知这些宫女嘻嘻哈哈，完全不听指挥。

孙武说："纪律没交代清楚，士兵不熟悉号令，这是将领的过错。"孙武又将纪律和号令交代得清清楚楚，可是这些宫女依然哈哈大笑。

孙武说："现在规矩已经讲得清清楚楚，你们还不遵照纪律和

号令办事，那就是军官和士兵的过错了！"孙武抓了两个队长要杀。吴王在台上看着，发现孙武要杀自己最喜欢的妃子，大吃一惊，连忙派人阻止。

孙武说："我接受命令为大将，大将在军队的时候，国君的命令有时也可以不接受。"于是杀了两个队长，然后按顺序又选出两名宫女为队长，这回宫女们再也不敢出声了，都规规矩矩地按着孙武的命令行事，让干什么就干什么。

孙武便向吴王报告："队伍已经操练整齐，大王可以下来查验。现在即便叫她们赴汤蹈火，她们也办得到。"从此，吴王知道孙武真的会用兵，任命他做了将军。后来吴国打败楚国，威震天下，称霸诸侯。

子罕不受玉

宋人或❶得玉，献诸子罕❷。子罕弗受。献玉者曰："以示玉人❸，玉人以为宝也，故敢献之。"子罕曰："我以不贪为宝，尔以玉为宝，若以与我，皆丧❹宝也。不若人有其宝。"

注 释

❶ 或：有人。

❷ 献诸子罕（hǎn）：诸，相当于"之于"；子罕，春秋时期宋国人，宋国贤臣。献给子罕。

❸ 玉人：雕琢玉器的工匠。

❹ 丧：丧失。

译 文

宋国有人得到了一块玉，把它献给子罕。子罕不接受。献玉的人说："这玉拿给玉工看过，玉工认为是一块宝物，所以我才敢献给您。"子罕说："我把不贪婪的德行当作宝，你把玉当作宝，如果把玉给了我，我们两个人都丧失了自己的宝物。不如各自拥有自己的宝物。"

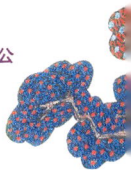

解 析

《左传》中还记载了另一则献玉的故事：虞叔有一块玉，虞公（虞国国君）想要他这块玉，虞叔没有献上去。后来，虞叔想到周朝有句谚语："匹夫无罪，怀璧其罪。"（一个普通老百姓没有罪，却因为拥有宝玉而获罪。）虞叔说："我哪里用得着这块玉，为什么要因它招来祸患？"于是就献给了虞公。后来，虞公又向虞叔索取宝剑。虞叔说："他这是贪得无厌。如此贪得无厌，将会给我带来杀身之祸。"于是密谋反叛了虞公，将虞公赶出了国家。

虞叔懂得审时度势，不会因为贪财而招来祸患。虞公却贪得无厌，得寸进尺，这让虞叔感到了威胁。今天索取宝玉，明天索取宝剑，后天还不知道索取什么，虞叔为了自保，不得不做出反抗。虞公最终自食其果。反观子罕，他在宋国担任官职，颇有威望。宋国老百姓献给他美玉，他也不接受，这体现了子罕不贪婪的美德。

泽门之皙讴

　　宋皇国父为大宰❶，为平公❷筑台，妨于农收❸。子罕请俟❹农功之毕，公弗许。筑者讴❺曰："泽门之皙❻，实兴我役❼。邑中之黔❽，实慰❾我心。"子罕闻之，亲执扑❿，以行筑者⓫，而抶其不勉者⓬，曰："吾侪⓭小人皆有阖庐⓮以辟燥湿寒暑⓯。今君为一台而不速成，何以为役？"讴者乃止。或问其故，子罕曰："宋国区区⓰，而有诅有祝⓱，祸之本也。"

注　释

❶ 宋皇国父为大宰：皇国父，春秋时期宋国太宰；大宰，中国古代官职。

❷ 平公：宋平公，春秋时期宋国国君。

❸ 农收：农事收获时节。

❹ 俟（sì）：等待。

❺ 讴（ōu）：唱歌。

❻ 泽门之皙（xī）：泽门，宋国地名；皙，皮肤白皙的人，指宋平公。泽门皮肤白皙的人。

❼ 役（yì）：劳役。

❽ 邑中之黔（qián）：邑中，宋国地名；黔，黑皮肤的人，指子罕。邑中黑皮肤的人。

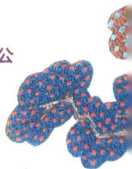

⑨ 尉：体贴。

⑩ 亲执扑：亲自拿着竹鞭打。

⑪ 以行筑者：行，巡行；筑者，筑台的人。

⑫ 扶（chì）其不勉者：扶，用鞭子或竹板打；不勉，不努力的人。

⑬ 吾侪（chái）：我辈。

⑭ 阖（hé）庐：指住屋。

⑮ 辟（bì）燥（zào）湿寒暑：躲避干燥、潮湿、寒冷和暑热。

⑯ 区区：微小，自称的谦词。

⑰ 有诅（zǔ）有祝：有人被诅咒，有人被歌颂。

译 文

　　宋国皇国父当太宰，为宋平公建筑高台，（让百姓服役）妨碍了农收。子罕请求等农事完毕以后再筑台，宋平公不答应。筑台的百姓唱起歌谣："泽门的白皮肤（指宋平公），让我们服劳役。邑中的黑皮肤（指子罕），体贴我们的心意。"子罕听到这首歌谣，亲自拿着竹鞭，来巡行筑台的事，还抽打那些不勤快的人，对他们说："我辈小民，都有房屋可以躲避干湿冷热。现在为国君建一座高台而不快速完成，怎么能做事情呢？"唱歌的人才停止了。有人问子罕这么做的缘故，子罕说："宋国虽然小，但既有人被诅咒又有人被歌颂，这是产生祸乱的根源。"

解析

春秋时，齐桓公生活奢侈，在家里建筑了三归之台（放置食物、酒器的台子，在当时是非常奢侈的做法），供贵族、朋友饮酒欢乐。管仲也学着齐桓公，在家里建筑三归之台。鲍叔牙害怕损害管仲的名誉，便劝告管仲说："国君奢侈，你也奢侈，这样做是不可以的。"管仲说："我之所以这样做，是在为国君分谤啊！"

所谓"分谤"，就是替国君分担老百姓的怨恨、诽谤。试想，如果国君不得民心，而作为大臣的管仲、子罕却深得民心，国君能放心任用他们而不猜忌吗？君臣互相猜忌，导致国内动乱，这样的例子在春秋战国时期数不胜数。管仲、子罕防患于未然，主动降低自己的声誉，去为国君"分谤"，可谓忠诚至极了。

然而，仅仅是"分谤"并不能抵消国君的错误，这仍然给百姓造成了负担。若能劝使国君改正错误，让百姓没有怨言，岂不是比单纯的"分谤"更好？

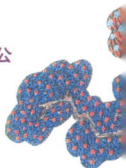

祁奚请免叔向

　　乐王鲋 ❶ 见叔向曰:"吾为子请!"叔向 ❷ 弗应。出,不拜。其人皆咎 ❸ 叔向。叔向曰:"必祁大夫 ❹。"室老 ❺ 闻之,曰:"乐王鲋言于君,无不行,求赦吾子 ❻,吾子不许。祁大夫所不能也,而曰必由之,何也?"叔向曰:"乐王鲋,从君者也,何能行?祁大夫外举不弃仇,内举不失亲,其独遗我乎?《诗》曰:'有觉德行,四国顺之 ❼。'夫子,觉者也。"

　　晋侯问叔向之罪于乐王鲋,对曰:"不弃其亲,其有焉。"于是 ❽ 祁奚老矣,闻之,乘驲 ❾ 而见宣子……宣子说 ❿,与之乘,以言诸公而免之。不见叔向而归。叔向亦不告免焉而朝 ⓫。

注 释

❶ 乐王鲋(fù):即东桓子,晋国人大。

❷ 叔向:叫羊舌肸(xī),晋国大夫。

❸ 咎(jiù):责备。

④ 祁（qí）大夫：即祁奚。

⑤ 室老：古时卿大夫家中有家臣，室老是家臣之长。

⑥ 求赦（shè）吾子：赦，赦免；吾子，对对方的敬称，相当于"您"。请求赦免您的罪过。

⑦ 有觉德行，四国顺之：拥有正直的品德和作风，四方国家都来顺从他。

⑧ 于是：在这时。

⑨ 驲（rì）：古代驿站的马车。

⑩ 说（yuè）：喜悦，高兴，后作"悦"。

⑪ 朝（cháo）：朝见国君。

译文

（晋国范宣子囚禁了叔向。）乐王鲋去见叔向，对叔向说："我为你请求免罪吧！"叔向不答话。乐王鲋出去了，叔向也不拜送。叔向的手下人都埋怨叔向（得罪乐王鲋）。叔向说："脱罪一定要靠祁大夫才行。"领头的家臣听说了，问："乐王鲋对国君说的话，没有不被采纳的，他去请求国君赦免您，您却不答应。祁大夫是做不到的，您却说一定要靠祁大夫，这什么原因呢？"叔向说："乐王鲋是个一切顺从国君的人，他说话怎么能行得通？祁大夫举荐外人不避仇恨，举荐族人不避亲属，他能独独撇下我不管吗？《诗经》说：'有正直的德行，四国的人都顺从他。'祁大夫就是正直的人！"

晋平公向乐王鲋询问叔向的罪过，乐王鲋（怀恨在心）回答：

"叔向不愿意丢弃亲人，他可能是同谋罪犯。"当时祁奚已经告老回家，听说了这件事，就乘坐快车去见范宣子……范宣子听完祁奚的话很高兴，和他一起坐车，向晋平公劝说而赦免了叔向的罪过。祁奚不见叔向就回去了。叔向也不向祁奚拜谢而直接朝见国君去了。

解析

祁奚是一个忠于职守的君子。只要是人才，不管是自己的亲人，还是自己的仇人，他都一律举荐。这一次，祁奚请求赦免叔向，并不是因为叔向和自己有私交，而是因为叔向是国家的人才。在帮助叔向免罪后，祁奚没必要去见叔向，因为这和私交无关。叔向也深知此理，免罪后不去见祁奚表达感谢，而只去朝见国君。两人都各自尽自己的职责。

乐王鲋对叔向说要帮助叔向，却是为了索求回报。叔向不理他，他就怀恨在心，在国君面前诬陷叔向参与谋反，是个十足的小人。祁奚前后都没去见叔向，却救下了叔向，高下立判。公私分明、不计个人恩怨的君子，在这世上是非常少有的，因此才格外值得称道。

臧孙哭孟庄子

　　孟孙恶臧孙 **❶**，季孙 **❷** 爱之……孟孙卒 **❸**……臧孙入哭，甚哀，多涕 **❹**。出，其御 **❺** 曰："孟孙之恶子也，而哀如是。季孙若死，其若之何？"臧孙曰："季孙之爱我，疾疢 **❻** 也。孟孙之恶我，药石 **❼** 也。美疢不如恶石。夫石犹生我，疢之美，其毒滋多。孟孙死，吾亡无日矣。"

注 释

❶ 孟孙恶（wù）臧（zāng）孙：孟孙，指孟庄子，是鲁国大夫；恶，讨厌、厌恶；臧孙，臧武仲，是鲁国大夫。孟孙讨厌臧孙。

❷ 季孙：季武子，鲁国大夫。

❸ 卒（zú）：死。

❹ 涕（tì）：眼泪。

❺ 其御：他的车夫。

❻ 疾疢（chèn）：泛指疾病。

❼ 药石：药剂和砭石。泛指药物。

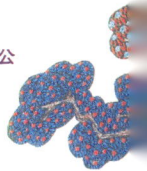

译 文

孟庄子讨厌臧武仲，季武子喜欢臧武仲……孟庄子死了……臧武仲进门哭得很哀伤，留下很多眼泪。出门后，他的车夫问："孟庄子讨厌你，你却哭得那么伤心。如果季孙死了，你又怎么样呢？"臧武仲说："季孙喜欢我，就好像是没有痛苦的疾病。孟孙讨厌我，就好像是治病的药石。美好的疾病不如令人痛苦的药石。药石能让我活下去，疾病再美好，它的毒害也很多。孟孙死了，离我灭亡也没有多少日子了。"

解 析

对于我们的一举一动，他人都会做出相应的反应，他人就好像自己的一面"镜子"：我们做得好，他人会夸赞和拥护；做得不好，他人会责备和疏远。所以，通过观察他人的态度，我们可以得知自己的优点和不足。孟庄子讨厌臧武仲，这让臧武仲能够保持勤勉和警戒。遭到他人的讨厌，虽然在心理上会不舒服，却能够激励自己改正错误，从而完善自己的言行。

唐太宗时，一代名相魏徵以敢于直言著称。有一次，唐太宗固执己见，魏徵激烈进谏，唐太宗暴跳如雷，气冲冲跑回寝宫，边跑边喊："应该杀了这乡下老头！"长孙皇后见到了，就去向唐太宗贺喜，说："唯有明主出现，臣子才敢直言不讳。"唐太宗转怒为喜。

后来，魏徵生病死了，唐太宗非常伤心，说："用铜镜做镜子，可以端正自己的衣服帽子；用历史做镜子，可以得知兴亡交替的原因；用人做镜子，可以了解自己的所得和过失。我经常保有这三面镜子，以防自己出现过错。现在魏徵死了，我就失去一面镜子了！"

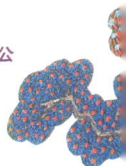

齐太史冒死直书

大史❶书❷曰："崔杼弑其君❸。"崔子❹杀之。其弟嗣❺书，而死者二人。其弟又书，乃舍❻之。南史氏❼闻大史尽死，执简❽以往。闻既❾书矣，乃还。

注 释

❶ 大（tài）史：即太史，官职名，记录历史是他们的职责。

❷ 书：写。

❸ 崔杼（zhù）：春秋时齐国大夫，他杀害了庄公。

❹ 崔子：指崔杼。

❺ 嗣（sì）：继承、接着。

❻ 舍（shě）：舍弃、放过。

❼ 南史氏：南方另一个史官家族的成员。

❽ 执简：拿着竹简。

❾ 既：已经。

译 文

齐国的太史在史书上记载："崔杼杀了他的国君。"崔杼（不准这样写）杀掉了太史。太史的弟弟接着这样写，因此被杀死两人。

太史另一个弟弟接着这样写，崔杼才停止杀戮。南史氏听说太史都被杀了，就抱着竹简过去接替。（途中）听说太史的弟弟已经如实记载了这件事，就回去了。

解 析

崔杼杀害了他的国君，害怕受到万世唾骂，不想让史官如实记载。齐国史官们集体冒死直书，杀了一个，又来一个，愿意秉笔直书的人永远杀不尽，这体现了中国古代史官刚正不阿、威武不屈的品格。如果不是史官们冒死直书，我们今天就看不到真实的历史了。

春秋时，晋国也有一位秉笔直书的史官。晋灵公想杀害大臣赵盾，赵盾选择逃亡，但因为留恋自己的国家，迟迟没有逃出国境。这时，赵盾的族人赵穿将晋灵公杀了。史官董狐便记载道："赵盾杀了他的国君。""弑君"这件事虽然是赵穿做的，但赵盾是当时的辅政大臣，国君被杀，仍在国内的赵盾难辞其咎，所以史官要这样记载。赵盾无可奈何，只能背负着弑君的名声。就连孔子都感慨说："如果赵盾当时逃出了国境，他就可以免去弑君的罪名了。"

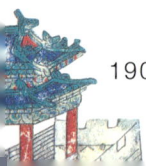

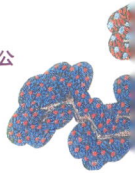

伯州犁问囚

穿封戍囚皇颉❶，公子围❷与之争之。正于伯州犁❸，伯州犁曰："请问于囚。"乃立囚。伯州犁曰："所争，君子❹也，其何不知？"上其手❺，曰："夫子为王子围，寡君之贵介弟❻也。"下其手，曰："此子为穿封戍，方城外之县尹❼也。谁获子❽？"囚曰："颉遇王子，弱焉。"戍怒，抽戈逐王子围，弗及。

注释

❶ 穿封戍（xū）囚皇颉（jié）：穿封戍，人名，楚国方城外的县尹；皇颉，郑国大夫。

❷ 公子围：即王子围，楚康王之弟，后来杀了侄儿自立为楚灵王。

❸ 正于伯州犁（lí）：正，评判是非，主持公正；伯州犁，晋国大夫伯宗之子，父亲被人迫害，伯州犁逃奔到楚国，当了楚国太宰。

❹ 君子：尊称皇颉。

❺ 上其手：将手举上去。后文"下其手"，是将手放下来。

❻ 贵介：贵宠，尊贵。

❼ 方城外之县尹：方城，春秋时楚国北方边境；县尹，春秋时楚国的县的长官（和楚国王子比起来，职位很低）。

⑧ 谁获子：谁擒获了您？

译文

穿封戌抓住了（郑国大夫）皇颉，王子围和穿封戌争夺战俘。请伯州犁主持公道，伯州犁说："我请求问问战俘。"于是让战俘站在前面。伯州犁说："他们所争夺的对象是您，您是君子，有什么不明白的？"伯州犁高高举起手，说："这一位是王子围，是我们国君尊贵的弟弟。"又低低放下手，说："这个人是穿封戌，是方城外的县尹。是谁抓住了你呢？"战俘说："我遇到了王子，打不过他。"穿封戌很生气，抽出长戈追打王子围，没有追上。

解析

伯州犁主持公道，虽然嘴上没有偏私，但他把手举上去介绍王子围，又把手放下来介绍穿封戌，这种行为已经给了战俘明显的暗示。作为一名战俘，皇颉肯定要顺从权贵的意思才能保全自己。更何况，与其说自己是被一名小小的外城县尹抓住，还不如说自己是被楚国王子抓住，这样更有面子些。

我们今天用"上下其手"这个成语来表示玩弄手法、串通作弊、颠倒是非的行为。

伯州犁阿附权贵，没有正直的品德，即便他巴结了王子围，王子围也不信任他。后来，王子围弑君篡位，自立为王，认为伯州犁

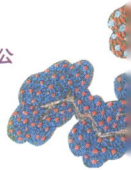

太狡诈，就将伯州犁杀了。穿封戌得罪过王子围，王子围却认为穿封戌不讨好自己，是个正直的好人，就为穿封戌升了官。

后来有一天，王子围问穿封戌："如果你早知道我会当上国君，那次争夺战俘时你应会让着我的吧？"穿封戌回答："如果早知道您有弑君的一天，我那次就会冒死杀了您，以安定楚国。"可见即便到了如此地步，穿封戌的正直品行也没有改变。

子产不毁乡校

郑人游于乡校❶，以论执政❷。然明❸谓子产❹曰：“毁乡校，何如？”子产曰；“何为？夫人朝夕退而游焉，以议执政之善否。其所善者，吾则行之；其所恶者，吾则改之。是吾师也，若之何❺毁之？我闻忠善以损怨❻，不闻作威以防怨。岂不遽❼止？然犹防川：大决所犯，伤人必多，吾不克❽救也；不如小决使道❾，不如吾闻而药之❿也。”

注释

❶ 乡校：春秋时设在乡的学校，也是国人议论政治的地方。

❷ 以论执政：议论执政者施政的好坏。

❸ 然明：春秋时期郑国大夫。

❹ 子产：姬姓，公孙氏，名侨，字子产，春秋时期著名政治家、思想家。

❺ 若之何：怎么，为什么。

❻ 损怨：减少怨恨。

❼ 遽（jù）：立即，迅速。

❽ 克：能。

❾ 道（dǎo）：引导、疏导，后作“导”。

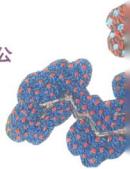

❿ 闻而药之：闻，听；药之，是"以之为药"，用它作为良药。

译 文

郑国百姓在乡校聚会游玩，并议论执政者的施政措施。（郑国大夫）然明对子产说："毁掉乡校，怎么样？"子产说："为什么要毁掉？这是大家一天工作之余休闲的地方，百姓在一起议论施政的好坏。他们觉得好的，我就去推行；他们觉得不好的，我就去改正。他们是我的老师，为什么要毁掉呢？我听说要做忠诚善良的事情来减少怨恨，没听说要靠作威作福来防止怨恨的。难道我不能很快地制止那些怨恨言论吗？只是就像防止河水泛滥一样：大决口所造成的伤害，伤的人必然很多，我挽救不了；不如开小决口导流，不如我听了这些言论作为治国的良药。"

解 析

周厉王时期，老百姓收入减少，王朝国库空虚。周厉王却是一个骄奢淫逸的君主，他为了满足自己花天酒地的生活需要，找各种理由让老百姓交税，甚至连走个路、喝口水都要交钱。老百姓非常痛恨周厉王，私下里把周厉王比喻成大老鼠。

有一位大臣叫召公，他看不下去了，就将老百姓的不满告诉周厉王，想让周厉王及时改正，以免百姓叛乱。谁知周厉王根本不听，他找来几个奸人，让他们去监视老百姓，谁要是敢发牢骚，就砍谁的头。老百姓果然害怕了，以至于在路上碰到朋友，也不敢说话，只能拿眼神对视。

周厉王很得意，朝召公炫耀说："你看，现在还有谁敢说什么吗？"召公说："百姓们的嘴巴虽然被堵住，但他们口头的抱怨就变成心中的怨气了。就好像是将河水堵住，一旦堤坝垮掉，这四处泛滥的水只会伤人更多。您应该采用疏通河道的方法，将水导流出去。治理百姓也是这个道理，您应广开言路，让大家说话。现在您用严刑峻法，堵塞大家的议论（就像堵塞河水），这不是很危险吗？"

召公苦口婆心地劝诫，周厉王就是不听，反而更加肆无忌惮。国内的老百姓怨气冲天，终于忍不下去了，一起联合起来冲进王宫，要杀周厉王。周厉王狼狈而逃，后来直到死去，也不敢再踏进国都一步。

"人人心里一杆秤"，只要自己行得正，就不要害怕别人的议论。别人说得对的地方，我就去学习和改正，说得不对的地方，付之一笑便可。开明的人，必定有接纳别人意见的宽容胸怀。

鲁昭公

晏子辞谢更宅

　　初，景公❶欲更❷晏子❸之宅，曰："子之宅近市❹，湫隘嚣尘❺，不可以居，请更诸爽垲❻者。"辞曰："君之先臣容焉，臣不足以嗣❼之，于臣侈❽矣。且小人近市，朝夕得所求，小人之利也。敢烦里旅❾？"公笑曰："子近市，识贵贱乎？"对曰："既利之，敢不识乎？"公曰："何贵？何贱？"于是景公繁于刑❿，有鬻踊⓫者。故对曰："踊贵，屦⓬贱。"……景公为是省于刑⓭。

注释

❶ 景公：齐景公，春秋时期齐国君主。

❷ 更（gēng）：更换。

❸ 晏子：春秋时期齐国著名政治家、思想家、外交家。

❹ 近市：靠近集市。

❺ 湫（jiǎo）隘（ài）嚣（xiāo）尘：湫，低洼；隘，狭窄；嚣，喧闹；尘，多尘。低洼狭小又喧闹多尘。

❻ 爽垲（kǎi）：高爽干燥的地方。

❼ 嗣：继承。

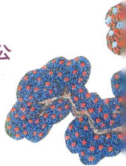

⑧ 侈（chǐ）：奢侈。

⑨ 里旅：指乡里群众。

⑩ 于是景公繁于刑：于是，在这时；繁于刑，即滥用刑罚。这时景公滥用刑罚。

⑪ 鬻（yù）踊（yǒng）：鬻，卖；踊，假腿。

⑫ 屦（jù）：古时用麻、葛等做成的鞋。

⑬ 省于刑：减轻刑罚。

译文

当初，齐景公想要更换晏子的住宅，说："您的宅子靠近集市，低洼狭小又喧闹多尘，不能居住，请为您更换高爽明亮的房子吧。"晏子推辞说："君王的先臣住在这里，我不能继承祖业，这对我来说已经是奢侈了。况且我靠近集市，早晚能得到我要的东西，这对我有利。怎么敢麻烦邻里为我建房子？"齐景公笑着说："您靠近集市，能分辨物品的贵贱吗？"晏子说："既然以此为利了，怎么敢不分辨呢？"齐景公问："什么东西贵，什么东西便宜？"当时齐景公滥用刑罚（受到砍腿刑罚的人很多），市场上有卖假腿的，所以晏子回答说："假腿贵而鞋子便宜。"……齐景公因此减轻了刑罚。

解析

晏子在齐国的地位很高，却非常节俭，他不愿意住进高门大户，而选择住在低矮狭小的房屋里，以接近老百姓，了解民间生活状况。晏子通过和国君对话，让国君知道民间疾苦，以改进不足，是真正的为民着想。当官的人不深入民间，不了解百姓疾苦，又如何治理国家呢？

后来有一天，晏子出使晋国，齐景公趁机把晏子的住宅重新翻盖了。国君为了给晏子盖新房，特意拆毁了邻居的房子。晏子从晋国回来后，首先去拜谢了国君的恩赐，回家却把新房拆毁，并为邻居重新建造房屋，恢复得和原来一样。齐景公一开始不答应，晏子再三请求，齐景公才答应了。

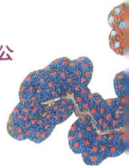

叔向谏逆公子弃疾

韩宣子[1]之适[2]楚也，楚人弗逆[3]。公子弃疾及晋竟[4]，晋侯将亦弗逆。叔向[5]曰："楚辟，我衷[6]，若何效辟？《诗》曰：'尔之教矣，民胥效矣[7]。'从我而已，焉用效人之辟？《书》曰：'圣作则[8]。'无宁[9]以善人为则，而则人之辟[10]乎？匹夫为善，民犹则之，况国君乎？"晋侯说，乃逆之。

注 释

1. 韩宣子：姬姓，韩氏，名起，谥号宣，史称韩宣子，春秋时期晋国卿大夫，六卿之一。
2. 适：到。
3. 弗逆：逆，迎接；弗逆，即不迎接。
4. 公子弃疾及晋竟：公子弃疾，楚共王幼子，楚灵王之弟，后来成为楚平王；及，到；晋竟，晋国边境。公子弃疾到晋国边境。
5. 叔向：羊舌肸（xī），春秋时期晋国大夫。
6. 楚辟（pì）我衷：辟，邪、不正派；衷，正派。楚国不正派而我国正派。
7. 尔之教矣，民胥（xū）效矣：您的教导，百姓都会效仿。
8. 圣作则：圣人做出准则。

⑨ 无宁（nìng）：宁可。

⑩ 则人之辟：以别人的不正派为准则。

译文

（晋国）韩宣子出使楚国时，楚国不派人迎接。（楚国）公子弃疾到达晋国边境，晋平公也不想派人去迎接。叔向说："楚国不正派而我们正派，为什么要去效仿那不正派的行为？《诗经》说：'你的教导，百姓都会效仿。'根据我们自己的规矩办事就是了，哪用得着学别人不正派的行为？《书》说：'圣人做出准则。'我们宁可以好人作为准则，怎么能去学别人的不正派呢？普通平民做了善事，百姓都会以他为准则，何况是国君？"晋平公听了很高兴，于是派人去迎接公子弃疾。

解析

有一句话叫："学好三年，学坏三天。"为什么学好很难，学坏却很容易呢？因为学好，需要压制自己的欲望，为了不伤害他人，我们要尽量克制自己。克制自己的欲望，这就是一件难事。学坏的时候，只需要放纵自己，只求自己舒坦即可，不用顾及他人。人们当然喜欢做容易的事情，不喜欢做难事，所以学好很难，学坏却容易。

然而圣人宁可做这"难事"，也不愿意做那"易事"。孔子主

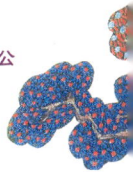

张"克己复礼"，就是要克制人类无休无止的欲望，成为有礼之人。一个人刚生下来时，和动物没有区别，都是只知道顾着自己，不知道顾及别人的。只有等长大成人了，他才能创造灿烂的文明。如果不能成人，那就和禽兽无异！所以，学好虽难，却值得我们努力；学坏虽易，却不值得效仿。

古若无死

饮酒乐。公**❶**曰："古而无死，其乐若何**❷**？"晏子**❸**对曰："古而无死，则古之乐也，君何得焉？昔爽鸠氏**❹**始居此地，季萴因之**❺**，有逄伯陵**❻**因之，蒲姑氏**❼**因之，而后大公**❽**因之。古若无死，爽鸠氏之乐，非君所愿也。"

注释

❶ 公：指齐景公。

❷ 若何：如何，怎样。

❸ 晏子：春秋时齐国大夫。

❹ 爽鸠（jiū）氏：根据史书记载，少昊时期，爽鸠氏居住在营丘（齐国境内）。这几句的意思是：在齐景公之前，齐国一带已经有人在管理了，如果自古没有死亡，现在就轮不到齐景公当国君了。

❺ 季萴（cè）因之：季萴，虞夏时期居住在营丘；因，沿袭。

❻ 逄伯陵（líng）：炎帝后裔，商汤时期居住在营丘。

❼ 蒲（pú）姑氏：曾经居住在齐国的氏族。

❽ 大（tài）公：即姜太公。周武王灭商之后，封姜太公在齐国。

译义

（齐景公）喝酒喝得很高兴。齐景公说："如果自古以来没有

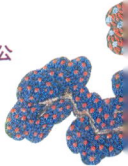

死亡，那会是怎样的快乐？"晏子回答说："如果自古以来没有死亡，现在的欢乐就是古代人的欢乐了，君王您能得到什么呢？当年是爽鸠氏开始在这里居住，后来季茆沿袭下来，逢伯陵沿袭下来，蒲姑氏沿袭下来，再然后是姜太公沿袭下来。如果自古以来就没有死亡，那今天的欢乐也就属于爽鸠氏的了，这不是君王你所希望的呀！"

解 析

《晏子春秋》里也记载了齐景公和晏子的对话：有一天，齐景公在牛山游玩，远远望见齐国都城，齐景公忽然想到自己年纪大了，悲从中来，叹道："我难道也要像这滔滔河水一去不复返吗？"跟随齐景公的臣子看到国君伤心，也跟着痛哭起来。只有晏子在一旁笑而不语。

齐景公问晏子："我今天出游，感到伤心，其他人也跟着我伤心，你却偏偏笑起来，是什么缘故？"晏子说："假如国家应该让贤明的人长久拥有的话，那也是让齐太公、齐桓公等人长久拥有……如果这样，您怎么能得到这个君位呢？正是因为一代又一代的更迭，才轮到您当国君，您却为之哭泣，这是不仁啊！我看到一个不仁的国君，又看到一群谄媚的臣子，所以我笑了。"

只要是对生命有眷恋的人，都希望自己能够活得更久，古代帝王尤其如此。秦始皇听说海上有"不死之药"，派方士征发童男童女数千人入海求仙药，花费不计其数，也没能找到仙药；汉武帝花样更多，召鬼神、炼丹砂、候神，也没能长生不老；唐太宗听信和尚的谎言，服下炼制的丹药，最后中毒而死，成为中国历史上被"长生药"毒死的第一个皇帝……可悲可叹！

无论是帝王将相，还是市井平民，最终都会死去，这是无法逃脱的宿命，这是生命残酷的地方，也是生命公平的地方。人生之所以珍贵，正是因为短暂，一个人在这世上只能走这一遭，度过一秒，便少了一秒，所以要格外珍惜活着的时间呀！

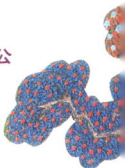

子产论政宽猛

郑子产❶有疾，谓子大叔❷曰："我死，子必为政。唯有德者能以宽服民，其次莫如猛。夫火烈，民望而畏之，故鲜❸死焉。水懦弱❹，民狎而玩之❺，则多死焉。故宽难。"疾数月而卒。大叔为政，不忍猛而宽。郑国多盗，取人于萑苻之泽❻。大叔悔之，曰："吾早从夫子，不及此。"兴徒兵❼以攻萑苻之盗，尽杀之，盗少❽止。

注 释

❶ 郑子产：郑国子产，春秋时期著名政治家、思想家。

❷ 子大（tài）叔：春秋时期郑国正卿，子产去世后，他接替子产担任郑国的执政。子，是对男了的美称，也有尊称的说法。

❸ 鲜（xiǎn）：少。

❹ 懦（nuò）弱：柔弱。

❺ 狎（xiá）而玩之：接近、戏弄它。

❻ 萑苻（huán fú）之泽：郑国水泽名。

❼ 兴徒兵：发动步兵。

❽ 少（shāo）：稍微。

译文

郑国子产生了病，对子太叔说："我死之后，您一定会主持政事。只有有德行的人能够用宽大的政策来使百姓服从，其次就是严厉。火势猛烈，百姓望见就害怕，所以很少有人死于火。水性柔弱，百姓轻视并戏弄它，所以有很多人死于水。所以实行宽政很难。"子产病了几个月后死了。子太叔当政，不忍心采用严厉手段而奉行宽大政策。（导致）郑国有很多盗贼，在萑苻水泽中聚集。子太叔很后悔，说："我早听从他老人家的意见，也不至于如此。"（子太叔）发动步兵攻打萑苻水泽中的强盗，将其全部杀死，盗贼才稍微收敛。

解析

我们常说人要以宽大为怀，其实宽大不是万能的。有高尚品德的人，实行宽大政策时，别人会服从于他的品德，愿意听从他的指挥；没有高尚品德的人，遇到事情一味进行宽大处理，就会被认为是软弱可欺，反而滋长了坏人的嚣张气焰。

郑国太叔的品德不如子产，因此他无法使用宽大政策让百姓顺服，只能通过严厉手段打击坏人，才能维持稳定。该严厉的时候要严厉，对于恶人坏事，实在没必要"宽大为怀"！

孔子说："政策宽大，百姓就会轻视怠慢，这时候就应该严厉起

来。过于严厉了又会让百姓受伤，这时候就该宽大一些。宽大和严厉要互相调和。"宽大的政策和严厉的政策，不必区分高下，只看执行者能否治理好国家，能否让百姓受益。孔子非常欣赏子产这个人，在听说子产死后，孔子流泪哭泣，叹息说："子产的仁爱，是古人留下来的遗风啊！"

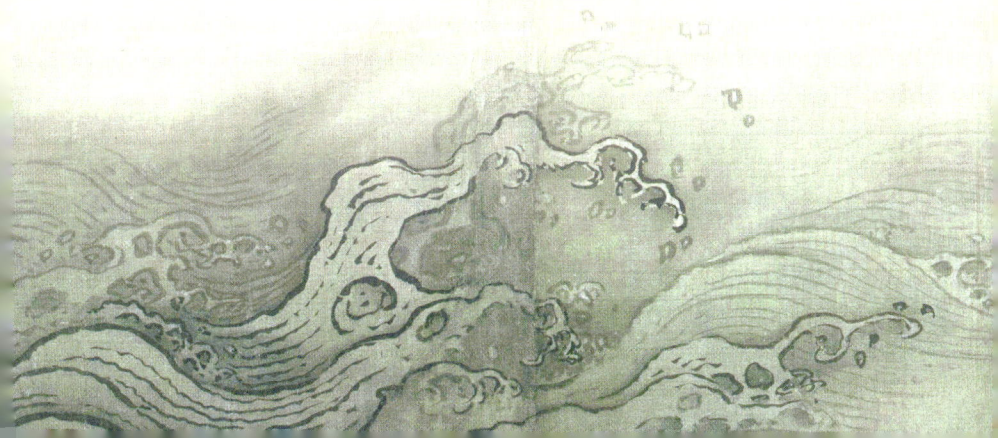

贾辛见魏献子

贾辛❶将适❷其县，见于魏子❸。魏子曰："辛来！昔叔向❹适郑，鬷蔑恶❺，欲观叔向，从使之收器者❻，而往，立于堂下，一言而善❼。叔向将饮酒，闻之，曰：'必鬷明也。'下，执其手以上，曰：'昔贾大夫❽恶，娶妻而美，三年不言不笑，御以如皋❾，射雉❿，获之。其妻始笑而言。贾大夫曰：'才之不可以已，我不能射，女遂⓫不言不笑夫！'今子少不扬，子若无言，吾几⓬失子矣。言不可以已也如是。'

注释

❶ 贾辛：晋国人，面貌丑陋而有才干。

❷ 适：到。

❸ 魏子：魏献子。春秋后期晋国卿，著名的军事改革家、军事家、政治家。

❹ 叔向：春秋时期晋国大夫、政治家，与郑国的子产、齐国的晏婴齐名。

❺ 鬷蔑（zōng miè）恶：鬷蔑，郑国大夫，字然明，又称鬷明；恶，面貌丑。

❻ 收器者：收拾器皿的仆人。

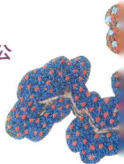

❼ 善：好。

❽ 贾大夫：贾国大夫。

❾ 御以如皋（gāo）：御，驾车；如，到；皋，水边高地或沼泽地。

❿ 雉（zhì）：一种鸟，俗称野鸡。

⓫ 遂（suì）：于是。

⓬ 几（jī）：将近，差一点儿。

译 文

　　贾辛将要到县里去管理事务，动身之前去见了魏献子。魏献子说："贾辛过来！当年叔向去郑国时，鬷蔑长得丑，想要来看叔向，就跟着收拾器皿的人前去，站在堂下。鬷蔑有一句话说得很好。叔向当时正要喝酒，听了这句话，说：'这必定是鬷蔑吧！'亲自下来，牵着鬷蔑的手走上堂去，对他说：'当年贾大夫长得丑，娶了个妻子却很漂亮，妻子三年不说话也不笑，有一天贾大夫驾着车去水边，用弓箭射中了一只野鸡，见他获得了野鸡，他的妻子才开始笑和说话。'贾大夫说：'一个人不能没有才能啊，我要是不能射箭，你也就不说话也不笑了。'现在你的外貌不好看，你若是不说话（展示才能），我就差点失去你这个人才了。就像这样，话是不可以不说的啊！"

解析

《世说新语》里有这样一个故事：

有一次，匈奴使者求见曹操，曹操觉得自己相貌丑陋，不足以震慑匈奴，便找来一名美男子顶替自己。曹操让美男子坐在位子上，然后召见使者，他自己则拿着刀冒充卫兵，站在一旁。召见完毕后，曹操派人问匈奴使者："你觉得曹操怎么样？"使者回答："曹公仪表不凡，但是站在一旁拿刀的那个卫兵，才是真的英雄。"

可见，有才能的人自有一种气质。然而，并不是所有情况都这样，有的人光从外表是无法判断他有无才能的。即便是聪明好学如孔子，也会有看走眼的时候。

孔子有许多弟子，其中一个弟子叫宰予，他能说会道，孔子开始时对他印象很不错。但是后来发现，宰予非常懒惰，又没什么德行，大白天不读书，反而跑去睡觉，气得孔子骂他"朽木不可雕也"。

孔子还有一个弟子叫澹台灭明，他的相貌很丑陋。孔子认为他资质低下，不会成才。但是，澹台灭明学习非常刻苦，做事光明磊落，最后声誉和成就都很高，澹台灭明游历到长江，跟随他的弟子就有三百人。孔子感慨说："我凭言语判断人的好坏，就看错了宰予；凭外貌判断人的能力，就看错了澹台灭明。"

也许正因为仅凭外貌无法了解一个人，因此魏献子才告诫贾辛说："话是不可以不说的啊！"因为一个人有无真才实学，只要一开口就能见分晓。没有才学的人，开口是吐不出金玉良言的。

　　一个人长得丑没有关系，但不能没有才能，而且要善于向人展现自己的才能。贾大夫长得丑，他的妻子因此不开心，直到有一天，贾大夫对妻子展示了射箭的本领，他的妻子才高兴起来。因此贾大夫感慨："一个人不能没有才能啊！"

申包胥

鲁定公

申包胥哭秦庭

初，伍员❶与申包胥❷友。其亡❸也，谓申包胥曰："我必复❹楚国。"申包胥曰："勉之❺！子能复之，我必能兴之。"及昭王在随❻，申包胥如秦乞师❼，曰："吴为封豕、长蛇❽，以荐食上国❾，虐❿始于楚。寡君失守社稷⓫，越在草莽⓬，使下臣告急曰：'夷德无厌⓭，若邻于君，疆场之患也。逮⓮吴之未定，君其取分焉。若楚之遂亡，君之土也。若以君灵抚之。世以事君⓯。'"秦伯⓰使辞焉，曰："寡人闻命⓱矣。子姑就馆⓲，将图而告。"对曰："寡君越在草莽，未获所伏⓳，下臣何敢即安？"立，依于庭墙而哭，日夜不绝声，勺饮⓴不入口七日。秦哀公为之赋《无衣》㉑。九顿首㉒而坐。秦师㉓乃出。

注 释

❶ 伍员（yún）：伍子胥，楚国人，因父亲被害，逃奔到吴国，是春秋末期吴国大夫、军事家。

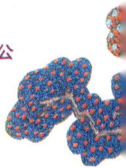

❷ 申包胥（xū）：春秋时楚国大夫，向秦国借兵救楚。

❸ 亡：逃亡。

❹ 复：报复。

❺ 勉（miǎn）之：勉励，努力。

❻ 及昭（zhāo）王在随：等到楚昭王逃奔到随国。昭王，楚平王的儿子；随，春秋时诸侯国名。

❼ 如秦乞（qǐ）师：到秦国请求军队援助。

❽ 封豕（shǐ）长蛇：大猪和长蛇。比喻吴国野蛮贪婪。

❾ 荐食上国：荐：多次；食：侵食；上国，大国。

❿ 虐：侵害，残害。

⓫ 社稷（jì）：社，指土神，稷，指谷神，后来就用"社稷"代表国家。

⓬ 越在草莽（mǎng）：越，流亡；草莽，丛生的杂草，指偏僻的乡间。

⓭ 夷（yí）德无厌：夷，对东边少数民族的称呼，这里指吴国；夷德，夷人的品性；厌，满足。

⓮ 逮（dài）：等到。

⓯ 世以事君：世世代代侍奉您。

⓰ 秦伯：指秦哀公。

⓱ 寡人闻命：寡人，诸侯国君自称；闻命，听到您的请求。

⓲ 子姑就馆：子，对对方的尊称；姑，姑且；就馆，到馆舍。

⓳ 未获所伏：没有得到安身之地。

⓴ 勺饮：一勺汤水。代指吃喝。

㉑《无衣》：《诗经·秦风》中的一篇，有"岂曰无衣，与子同袍。王于兴师，修我戈矛"句，表示同仇敌忾。

㉒ 九顿首：叩了九个头。这是非常重大的礼节。

㉓秦师：秦国军队。

译 文

当初，伍员和申包胥是朋友。伍员（被楚国人陷害）逃亡时，对申包胥说："我必定要灭亡楚国。"申包胥说："努力吧！你能灭亡楚国，我必定能复兴楚国。"等到（伍员带领吴国军队攻破楚国）楚昭王逃奔到随国后，申包胥跑到秦国请求帮助，说："吴国是大猪长蛇，想要吞并大国，侵害就从楚国边境开始了。我们国君失去了国家，流落到草野之中，派我来告急说：'蛮夷之国贪得无厌，如果吴国和您成为邻居，那将是您边疆的祸患。不如在吴国还没平定楚国时，您取走一部分楚国土地。如果楚国灭亡了，那就成了您的国土了。如果凭借您的威灵抚慰楚国，楚国将世代侍奉您。'"秦哀公派人推辞，说："我听到你的请求了。你暂且去馆舍居住下来吧，我们考虑好了再告诉你。"申包胥说："我们国君还在草莽之中，没有安身之所，下臣我怎么敢去安居呢？"申包胥站着，靠着墙壁痛哭，哭声日夜不停，连续七天没喝一口汤水。秦哀公为申包胥作了《无衣》这首诗（表示自己要出兵救楚国了）。申包胥叩了九个头然后才坐下。于是秦国派出了军队。

解 析

伍员被人陷害，全家被杀，血海深仇不能不报，因此要借吴国兵马灭亡楚国；申包胥身在楚国，不能眼睁睁地看着楚国灭亡，因此用七天七夜不喝水的痛哭，换取秦国的帮助。这两个人的行为，难说谁对谁错，不过各自为自己的目标竭尽全力，都在历史上留下了浓墨重彩的一笔。不违背良心，为自己的目标竭尽全力，就是值得称颂的！

孔子相礼

夏，公会齐侯于祝其❶，实夹谷。孔丘相❷。犁弥❸言于齐侯曰："孔丘知礼而无勇，若使莱人❹以兵劫鲁侯，必得志❺焉。"齐侯从之。孔丘以公退，曰："士，兵之❻！两君合好，而裔夷之俘❼以兵乱之，非齐君所以命诸侯也。裔不谋夏❽，夷不乱华❾，俘不干盟❿，兵不逼好⓫。于神为不祥，于德为愆义⓬，于人为失礼，君必不然。"齐侯闻之，遽辟之⓭。

注 释

❶ 公会齐侯于祝其：公，指鲁定公；齐侯，指齐景公；祝其，地名，又称"夹谷"。

❷ 相（xiàng）：导引、襄助他人行礼的职位。

❸ 犁弥：春秋时齐国人。

❹ 莱（lái）人：莱国人。当时莱国已被齐国所灭，莱国人成为齐国俘虏。

❺ 得志：指事情办成功。

❻ 兵之：兵，指武器。这里是说拿起武器迎上去。

❼ 裔（yì）夷之俘（fú）：裔，远；夷，古代称东方的民族，也泛称周边的民族；俘，俘虏。华夏地域以外的夷人俘虏。

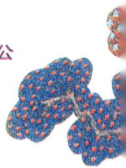

❽ 裔（yì）不谋夏：裔，边远地区的人；谋，图谋；夏，指中原华夏族。边远地不能图谋中原。

❾ 夷不乱华：夷，和华夏区分，表示边远民族；乱，扰乱；华，指华夏。外族不能扰乱华夏人。

❿ 俘不干盟：俘，指莱国俘虏；干，冒犯、侵犯；盟，两国盟会。俘虏不能侵犯盟会。

⓫ 兵不逼好：兵，指武力；逼，逼迫；好，友好。武器不能逼迫友好。

⓬ 愆（qiān）义：耽误、丧失道义。

⓭ 遽（jù）辟（bì）之：遽，急忙、迅速；辟，即"避"；急忙让人避开。

译文

夏天，鲁定公和齐景公在祝其会见，（祝其）也就是夹谷。孔丘担任相礼。犁弥对齐景公说："孔丘懂得礼仪却缺乏勇，如果让莱国人用武力劫持鲁国国君，肯定能成功。"齐景公听从了。孔丘领着鲁定公退出，说："士兵们拿起武器攻上去！两国国君友好会见，这些边远夷人的俘虏用武力来捣乱，肯定不是齐国国君对待诸侯的态度。边远地区不能图谋中原，夷人不能扰乱华夏，俘虏不能侵犯盟会，武力不能逼迫友好。（因为这样）对神来说是不祥，对德行来说是丧失道义，对人来说丧失了礼仪，君王肯定不会这样做。"齐景公听了，连忙让莱国人避开。

解 析

众所周知，孔子是儒家创始人，虽然是一介文士，却并非是"手无缚鸡之力"的书生。孔子出身武士世家，他的父亲叫叔梁纥。有一天，叔梁纥在外打仗，敌人将内城闸门升上去，士兵们趁机冲进城中，之后敌人却忽然将闸门放了下来，此时，叔梁纥一人站在城门下，双手向上举着城门，让进城的士兵退出，可见叔梁纥力气之大！

孔子继承了父亲高大勇武的特征。《史记》记载：孔子身高九尺六寸，被人称为"长人"。《礼记》记载：孔子射箭的本领很高，有一次，他在一个地方射箭，跑去围观的人拥挤得像一堵墙。《吕氏春秋》记载：孔子的力气，可以徒手打开城门，他却不肯以力气著称。所以，齐国人看到孔子文质彬彬，以为孔子缺乏勇武，这实在是看错了人！

鲁哀公

楚昭王不禜

是岁也，有云如众赤鸟，夹日以飞三日。楚子[1]使问诸周大史[2]。周大史曰："其当[3]王身乎！若禜[4]之，可移于令尹、司马[5]。"王曰："除腹心之疾，而置诸股肱[6]，何益？不谷不有大过，天其夭诸[7]？有罪受罚，又焉移之？"遂弗禜。

注 释

[1] 楚子：指楚昭王。

[2] 问诸周大史：诸，相当于"之于"的合音（后面"置诸"同）；周大史，即周朝太史，掌管周朝典籍的史官。

[3] 当：应验到身上。

[4] 禜（yíng）：古代一种祈求神灵消除灾祸的祭祀。

[5] 令尹、司马：楚国官职名，相当于国君的左膀右臂。

[6] 股肱（gǔ gōng）：大腿和胳膊。古代用以比喻左右得力的帮手。

[7] 天其夭（yāo）诸：上天会让我死吗？

译 文

这一年，天上有云彩像一群赤色的鸟，夹在太阳两边飞，飞了三天。楚昭王派人询问周朝的太史。太史（认为是灾祸的征兆）

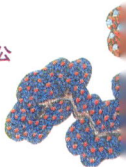

说："恐怕要应验在大王您身上啊！如果祭祀神灵祈求免除灾祸，则可以将这灾祸移到令尹、司马身上去。"楚昭王说："要除掉心腹上的疾病，而移到大腿、胳膊上，有什么益处？我不曾有过大的过错，上天怎么会让我死？我如果有罪要受到惩罚，又能移到哪里去？"于是就没有祭祀消灾。

解 析

令尹、司马是楚国重臣。楚昭王宁可冒着自己遭受灾难的危险，也不愿意移到"股肱"身上，这正符合孔子所说的"己所不欲，勿施于人"。将心比心，自己都不愿意要的东西，怎么能随便强加给别人！

楚昭王不迷信神鬼，问心无愧便什么也不怕。有一天，楚昭王生病了，有人占卜说："是黄河之神在作怪，要赶紧去祭祀。"楚昭王认为，黄河不属于楚国山川，按照礼法，是没必要去祭祀的。他说："我即便再没有德行，也不会得罪远方的黄河之神。"

中国古人十分看重祭祀，但这并不代表每个人都要拜祭所有鬼神。孔子认为："非其鬼而祭之，谄也。"不是自己该祭祀的鬼神，却跑去祭祀，这是一种谄媚的表现。而且，鬼神是公平的，它们也不会接受这种不合理的祭祀。因此，孔子对楚昭王的行为表示赞赏，说："楚昭王可以说是了解大道的人了，他能保住自己的国家，这是理所当然的！"

君子死，冠不免

　　季子将入❶，遇子羔❷将出，曰："门已闭矣。"季子曰："吾姑❸至焉。"子羔曰："弗及❹，不践其难❺。"季子曰："食焉❻，不辟❼其难。"子羔遂出。子路入，及门，公孙敢门焉❽，曰："无入为也。"季子曰："是公孙也，求利焉而逃其难。由不然❾，利其禄，必救其患。"有使者出，乃入。曰："大子焉用孔悝❿？虽杀之，必或继之。"且曰："大子无勇，若燔台⓫，半，必舍孔叔。"大子闻之，惧，下石乞、盂黡⓬敌子路。以戈击之，断缨⓭。子路曰："君子死，冠不免⓮。"结缨而死。孔子闻卫乱，曰："柴也其来，由也死矣。"

注 释

❶ 季子将入：季子，指仲由，字子路，又字季路，鲁国人，"孔门十哲"之一；将入，将要进去。子路将要进去。

❷ 子羔：高柴，字子羔齐国人。孔子的弟子。

❸ 姑：姑且。

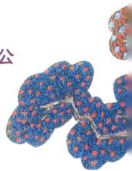

❹ 弗及：不能达到，来不及了。

❺ 不践（jiàn）其难（nàn）：不要去遭受祸难。

❻ 食焉：指食孔氏之禄，享受孔悝的俸禄。

❼ 辟（bì）：避开。

❽ 公孙敢门焉：公孙敢，人名；门，把守着门。

❾ 由不然：由，子路自称；不然，不这样。

❿ 大子焉用孔悝（kuī）：大子，即卫太子；焉用，何用，哪里用得着；孔悝，春秋时卫国大夫。

⓫ 燔（fán）台：焚烧台子。

⓬ 石乞、盂黡（yú yǎn）：春秋时人名，卫太子党羽。

⓭ 缨（yīng）：指系在脖子上的帽带。

⓮ 冠不免：帽子不能除掉。

译文

　　（子路和子羔在孔悝手下办事。卫太子抓了孔悝，逼孔悝谋反，事情危急。）子路将要进门，碰见子羔从里面跑出来，子羔说："门已经关了！"子路说："我还是要去一下。"子羔说："来不及了，不要去遭受祸难。"子羔于是跑出去了。子路进去，到了门边，公孙敢守在那里，说："你不要进去干什么了。"子路说："这是公孙啊，求取利益而逃避祸难。我不会这样，我受了孔悝的俸禄，一定要救他免于祸患。"（这时）有使者从门里出来，子路趁机进去，（扬言）说："太子哪里用得着孔悝，就算杀了他，一定也有人会接替他。"又说："太子没有勇气，如果放火烧台子，烧到一半，肯定会释放孔悝。"太子听了，感到害怕，让石乞、盂黡下台对抗子路。用长戈打中了子路，砍断了子路的帽带。子路说："君子就算死了，帽子也不能除掉。"结好帽带而死。孔子听说卫国发生祸乱，说："子羔能回鲁国来，子路会死去。"

解 析

子路是孔子的弟子，性格直率果敢，为人刚强好勇。孔子经常敲打这名弟子，希望他能像真正的君子一样温和谦恭。孔子尊崇周礼，日常生活也有颇多规矩，比如席子没有摆正，就不去坐，肉割得不整齐，就不去吃。这种对"正"的讲究，其实预示着一个人做事要得体，不走邪路。子路跟随孔子多年，他那张扬狂野的性子有所改变，他愿意去学礼以成为君子，因此死前还要端正自己的帽子。

子路性情刚直，碰到事情就一往无前，很容易牺牲自己。有一次，子路问孔子："听到一件事情，立刻就要去做吗？"孔子驳斥他，说："有父亲和哥哥在，怎么能不商量一下就去做？"这时，冉有也跑来问："听到一件事情，立刻就要去做吗？"孔子说："听到了就去做吧！"其他弟子感到疑惑，为什么同一个问题回答得不一样。孔子说："冉有怯弱退缩，所以我鼓励他。子路轻率冒进，所以我约束他。"

还有一次，孔子留神观察自己的几名弟子，发现闵子骞站在自

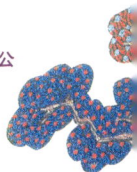

己身旁时，是一副恭敬温和的模样；冉有、子贡站在自己身旁时，是一副从容不迫的模样。孔子很高兴。再一看子路，是一副刚直好动的模样，孔子叹道："像子路这样，怕是不得好死啊！"孔子从弟子的日常行为中，就已经看到他们的结局了，所以卫国叛乱一发生，孔子就猜到了结果，悲伤地说："子羔能回来，子路会死去。"